# 幸運は、必ず朝に訪れる。

自分を整える禅の教え

枡野俊明

PHP文庫

○本表紙図柄＝ロゼッタ・ストーン（大英博物館蔵）
○本表紙デザイン＋紋章＝上田晃郷

# はじめに

みなさんは、「運」について考えたことがあるでしょうか？

「自分は、どうしてこうも運に恵まれないのだろう……」

「もしかしたら、一生幸運とは縁がない人生かもしれない……」

運について考えることは、右のように、運のなさ、不運を嘆くということではないでしょうか。

周囲を見ると、幸運をつかんでいるように思える人が目につくのに、自分はその列に加われない。それどころか、その事実を不公平とも思ってしまう——。

それが、運に関しての一般的な受けとめ方かもしれません。

**しかし、幸運は〝選ばれた人〟だけが手に入れるものではありません。**自分で引き寄せ、つかむもの。それが幸運です。

**「幸運は用意された心のみに宿る」**

これはフランスの細菌学者、ルイ・パスツールの言葉ですが、これは禅の考え方にピタリと通じています。

わかりやすい例で説明しましょう。

春になると木々の枝に花が咲きます。そこでつぼみを開かせるのは温かい春風です。

しかし、つぼみはいっせいに開花しません。咲くための準備（用意）をしていたつぼみだけが春風をつかまえ、美しい花を咲かせます。

春風はどの木々にも同じように吹くのに、準備ができていないつぼみは咲くことができない。次の風を待たなければならないのです。

**幸運は、この春風にとてもよく似ています。**

幸運をつかむ機会は平等に訪れている。ただ、それを活かす人もいれば、活かせない人もいる。

その違いは、一体どこにあるのでしょう。

もう、おわかりですね。**単に準備をしているか、いないかが違いを生むのです。**

先の、パスツールがいう「用意された心」も、別の言葉でいうなら、「準備ができている状態」になるでしょう。

禅では、心と身体が切り離せないものと考えますから、ともに〝準備ができている〟ことが、幸運を宿す条件になると思います。

では、心と身体の準備ができているとは、どういうことでしょうか。それは「心身が調《ととの》っている」ということです。

「調っているといったって、どうやって？」

そんな疑問を抱く人は多いと思います。

ヒントは、次の禅語に見つけられます。

**「調身、調息、調心」**

これは、身体を調えれば、呼吸が調い、また、心も調う、ということ。

身体を調えるとは、きちんとした行いをすること、といっていいでしょう。

それが、幸運をつかむ準備にもなるのです。

カギははじまりに、つまりは「朝」にあります。

**一日のはじまりである朝を充実させ、その日一日を調った心と身体の状態で過ごすことは、すなわち幸運を手にする準備をしているのと同じです。**

ここで、みなさんのいつもの朝を思い浮かべてみてください。〝充実〟とはほど遠い、ただ慌ただしいばかりの時間になっていませんか。

私が朝の大切さに気づいたのは（正しくは気づかされたのですが）、雲水《うんすい》（修行僧）として禅の修行生活に入ってからでした。まだ日が昇る前に起きて、坐禅をはじめ、朝のおつとめや、掃除などの作務《さむ》もこなす。修行生活の毎朝は、厳しいことこの上なしでしたが、常に充実感のある時間でもありました。

あれから数十年が経ちますが、いまでも私は午前四時半に起き、朝の時間を大切に過ごすことに努めています。その流れで、とても充実した一日を送ることができている、と感じています。

毎日が充実しているということは、幸運の中で生かさせていただいている、といってもいいと思います。


本書では、禅の考え方を基に、朝を充実した時間にするために、やっていただきたいことを考えました。

どれも「三〇分」程度の早起きでできることばかりです。

**その実践がみなさんに幸運をもたらすこと、言葉を換えれば、みなさんを「幸運体質」に変えることは、私自身の体験からも断言できます。**

ぜひ、明日の朝から取り組んでみてください。

きっとみなさんも、幸運に包まれる感覚がつかめることと思います。

# 幸運は、必ず朝に訪れる。　目次



## 第一章　朝とは、そもそもどんな時間なのか？

## 第二章

# なぜ、朝早く起きると「幸運」になれるのか？

第三章

## 実践！ 心身が調う朝の禅的習慣

## 第四章

# 美しい人に変わる朝の禅的行動

## 第五章

# あなたらしさを取り戻す朝の禅的発想

# 第一章

# 朝とは、そもそもどんな時間なのか？

# 朝の一〇分は、夜の一時間に匹敵する

みなさんは、「朝」についてどんなイメージを持っているでしょうか。

おそらく、次のようなものが圧倒的に多いのだと思います。

「とにかく忙しい」

「慌ただしい」

「いつも気が急《せ》いていて、バタバタしている」

朝起きてから、オフィスや学校に行くまでの時間は、追われているという感覚を誰もが持っているのではないでしょうか。

一般的に、朝はとにかく忙しく、慌ただしく、バタバタしている、という〝先入観〟を持たれていると思います。

しかし、本当にそうでしょうか。

私は、朝こそ多彩な使い方ができる時間であると思っています。

そして、その使い方次第で一日が違ってくる、もっといってしまえば、素晴らしい一日にもなれば、悔いの残る一日にもなる、と考えています。

**人生は一日、一日の積み重ねですから、一日をどのような日にするか、その重要なカギを握っている朝こそが、大局的に見れば人生を左右するものであると思っています。**

それでは、先入観を脇に置いて、素直な見方で、朝という時間がどういうものであるかを考えてみましょう。

みなさんの朝が始まるのは、いうまでもなく、睡眠から覚めたときからです。睡眠は前日の疲れを取りますから、身体面でいえば、疲労が回復しているときです。

一方、心についてはどうでしょう。

前夜、寝る前に、心に悩みやわだかまりがあったとしても、身体を休めることで、それらが影をひそめ、起きたときには、少なからず心が解放されていると思います。

言葉を換えれば、「心が生まれ変わっている」といえるかもしれません。**ひと言でいえば、心も身体もリフレッシュされて新しくなっているのが、朝という時間なのです。心身ともに最高のコンディションだといってもいいでしょう。**

その朝を、ただ忙しく、慌ただしく、バタバタと過ごしてしまう。こんなにもったいないことはないと思いませんか？

それは、せっかく整っているコンディションを、むざむざムダにしていることにも等しいのです。

その日の仕事や、プライベートの諸事をこなしたあとに迎える夜は、体力的にも疲労が溜まっています。当然、気力や集中力も消耗しています。

そんなコンディションでは、なにをしても効率が上がるはずがありません。時間ばかりかかって成果が出にくいことでしょう。

たとえば、仕事に必要な資料を読んでも、集中力が落ちていてなかなか頭に入らない。部屋の片づけに取りかかっても、気力にも体力にもゆとりがありませんから、雑にならざるを得ない。そういうことになるはずです。

しかし、朝、同じことに取り組んだらどうでしょうか。

集中力も気力も体力もみなぎっているわけですから、夜とは比較にならない結果になるはずです。

**夜一時間以上かかることが、朝なら一〇分でできてしまうことでしょう。**

私は、これまでの人生の中でそのことを実感しています。

要するに、朝は一番〝使える〟時間なのです。

# 朝は〝新しい自分〟にリセットされる時間

みなさんは、こんな言葉があるのをご存知ですか。

**「まことに日に新たに、日々に新たに、また日に新たなり」**

中国古典の『大学』の中にある言葉ですが、人は日々新しくなる、そうであるから、毎日行いを改めて、新しい（よりよい）自分になるように、努めなければいけない、というのがその意味です。

**この言葉に照らせば、人は毎朝新しい自分として目覚めているといえます。それは、朝ごとに新しく命をいただき、新たに生かされるといってもいいかもしれません。そのことを身近に感じるためには、自然との触れ合いがポイントになる、と私は思っています。**

考えてみると、現代人は自然から遠ざかる一方ではないでしょうか。一例を挙げれば、住まいも仕事をする環境も冷暖房完備で、夏の暑さ、冬の寒さを肌で感じることが極端に少なくなっています。自然の本源ともいうべき四季の移ろいをほとんど実感しないで暮らしているといっても、けっして過言ではないでしょう。

そんな環境では、朝目覚めたときに、自分がリセットされているという感覚を持てないのも、不思議ではないのかもしれません。

人が自然と一体になって生活していた時代には、夜明けとともに起き、日中はそれぞれの活動で汗を流し、夕暮れには仕事を終えて家路につき、夜が更ける頃には眠りにつくというリズムが保たれていました。

そこでは、新たな朝を迎えるときに、自分もリセットされる、新たな自分になるという感覚が湧き出てきたと思うのです。

もちろん、現代では、そうしたリズムに戻ることは、隠遁生活でもしないかぎり不可能です。しかし、ひとときでも自然に触れることで、リセット感を取り戻すことはできると思います。

朝は、一日の中で四季折々の自然がもっとも色濃く立ち込めている時間です。戸外に出て、その中に身を置くことで、自然と一体になっている自分を感じることができるのではないでしょうか。

自然との一体感は、人もまた自然の一部であるという永遠不変の「真理」に気づくことだといえるでしょう。それが命の原点です。その意味では、朝、自然と触れ合う時間を持つことで、私たちは原点にリセットされるのです。

**心も身体も原点に、すなわち、まっさらな状態に、立ち戻ることができる。それこそ朝にしかできないことですし、朝なすべきもっとも重要なことだという気がします。**朝の時間をおざなりにすることは、その機会を自《みずか》ら手放してしまうことに他なりません。

しっかりリセットして始める一日と、前日からのあれやこれやを引きずったままスタートさせる一日とでは、まったく違ったものになるのは、もう説明するまでもないでしょう。ぜひ朝の意義深さに〝目覚め〟てください。そして、朝を活かしてください。

## 朝にしか、自分による、自分のための時間は持てない

人は誰もが一日二四時間という時間を平等に与えられています。仮に、睡眠時間を八時間とすれば、残りの一六時間はなんらかの活動をして使っているわけです。

では、そのうち自分が自由に使える時間はどのくらいあるでしょうか。

仕事をしている時間は、上司の指示や会社の方針に従って動いていますから、これは自由に使っているとはいえません。

それ以外の時間に関してはどうでしょう。プライベートな時間は自由にも思えますが、たとえば、恋人や友人と過ごす時間ならば、相手があることですから、それなりに気を使う必要もあるでしょう。それに、自分の意に反することだって受け容れなければならないかもしれない。自分は和食を食べたいと思っても、相手がイタリアンを望んだら、それに合わせることもあるでしょう。あるいは、聞きたくなく

ても、ときには相手のグチを聞かなければならない状況だってありそうです。

そうした気遣いや不本意が紛れ込む時間は、本当の意味で自由に使っているといえるでしょうか。自由に使える時間ということを〝自分による、自分のための〟時間と定義したら、それらはその定義からは外れます。

「そんなことをいったら、自由に使える時間など存在しないような……」

そんな声が聞こえてきそうですが、じつはあるのです。

朝の時間がそれです。もちろん、夜自宅に戻ってからの一人の時間もありますが、夜は仕事関係者やプライベートでつき合いのある人から連絡が入る、つまりは自由な時間の阻害要因があるわけです。

その点、朝は身内の不幸や突発的な不測の事態でも起こらなければ、まず、外部から連絡が入ることはありません。**どこからも邪魔が入らない、まさに〝自分による、自分のための〟時間が持てるわけです。**

しかも、すでにお話ししたように心身のコンディションは万全です。身体を動かすことにも、頭を使うことにも、考えを巡らすことにも、集中力を持って取り組むことができるのです。心身ともに疲れが溜まっている夜とは、この点でも違います。

**自由に使える自分だけの時間は、朝にこそある。**そうした認識を持ってみませんか。

それだけで、朝の時間に対する捉え方、考え方が確実に変わってきます。なににもまして貴重な時間と思えてくるはずです。

貴重な時間であれば、一秒たりとも無駄にできないという気持ちが生まれるでしょうし、その使い方も慎重に考えることでしょう。工夫だっていまより凝らすことになると思います。朝の時間を充実したものにする出発点はそこです。

**朝が変われば、一日の流れが変わり、生活スタイルが変わります。それは、間違いなく人生を好転させることや幸運を引き寄せることに直結しています。**

踏み出すのは早ければ早いほどいいでしょう。

# あらゆる生命が、朝きちんと起きている

人間も自然の一部であるという話はしました。そのことについてもう少し掘り下げて考えてみましょう。自然は一定のリズムのもとに動いています。その典型が四季でしょう。

春になれば芽吹いた花が開き、夏には緑濃く葉が茂る。秋にはその葉が色づき、冬には落ちて大地に還っていく。

誰もが毎年体験している四季の移ろいですが、では、その移ろいのリズムをつくっているのはなんでしょうか。

もちろん、人為的なものではありません。私たち人間の手が及ばない、人知を超えた大きな〝力〟がリズムをつくり出しているのです。

仏教では、その尊い力を**「仏性《ぶっしょう》」**と呼んだり、**「仏」**といったりします。一般的ないい方をすれば、**「大宇宙の真理（力）」**ということになるでしょうか。

あらゆるもの、すなわち、森羅万象は、その大宇宙の真理がつくり出しているリズムの中で、命を与えられているのです。

人間も例外ではありません。他の自然とまったく同じように、私たちの命も〝与えられた〟ものなのです。

このことは、人間が自然の一部であることのもっともわかりやすい証《あかし》といえるかもしれません。

一日が二四時間というサイクルで回っているのも、人間のはからいを超えた大宇宙の真理の働きです。

自然はそのサイクルにもきちんと沿っています。たとえば、夏を象徴する花であるアサガオは、その名の通り、朝に花を開かせます。サイクルに逆らって夜咲くということはありません。

サイクルから外れる唯一の自然、それが人間ではないでしょうか。

文明の発達や、それにともなう利便性の加速ということもあって、本来なら活動を終えて休息すべき夜の時間に人が活動することはザラにあります。

夜通し仕事をして、陽が昇る頃から眠りにつくという、昼夜逆転の生活を送っている人も珍しくはないのかもしれません。

もちろん、職種や仕事環境などは人それぞれですから、そうせざるを得ない状況にあるという方もいるでしょう。

**しかし、そうでなければ、できる限りサイクルに沿った生活をするのがいい、と私は思っています。**

日の出とともに起きるべきとまではいいませんが、出かけるギリギリまで寝ていて、それこそ窓を開けることもなく、そそくさと身支度をして家を飛び出すといった、サイクル無視の〝朝を感じることのない〟生活は、やはり、心にも身体にも健全とはいえないでしょう。

ツケはいずれ回ってくる気がします。

**季節を問わず、空気や風や風景がもっとも清々《すがすが》しいのは朝です。**

大宇宙の真理がもたらしてくれているその清々しさを体感しませんか。

それは、人間の本来の姿である「自然（としての自分）」に立ち戻る瞬間でもあると思うのです。

断言しましょう。その心地よさは格別です。

# 年間一八〇時間の自分の時間をつくる唯一の方法

朝の時間を活かす上で不可欠の条件となるのが「早起き」です。

そういうと、眉をひそめる人が多いことでしょう。朝は少しでも長く寝ていたいというのが、おそらく、万人に共通する思いだからです。

ところで、みなさんは起床時間をどのようにして決めていますか。家を出る時間から逆算して決めているという人がほとんどなのではないでしょうか。起きてからどうしてもしなければならないことを挙げれば、洗面、(摂らない人もいそうですが)朝食、そして身支度です。それぞれにかかる時間を算出して合算することで、起床時間が決まってくることでしょう。

「洗面に一〇分、朝食二〇分、メイクを含めた身支度に三〇分で合計一時間。八時には家を出なければいけないから、起きるのは七時ね」

そんな具合ではないでしょうか。

しかし、これではしなければならないことをこなすだけで、〝朝を活かすための時間〟はありません。それをつくり出すには早起きをするしかない。といっても、起床時間を大幅に早める必要はありません。三〇分だけでも早く起きればいいのです。

「たかが三〇分でなにができるの？」

そう考える人が少なくないかもしれません。

**しかし、後章でも詳しくお話ししますが、三〇分という時間には、自分を変える、もっといえば、自分を高める可能性がぎっしり詰まっているのです。**

たとえば、三〇分をその日の仕事の流れを考え、準備をする時間にあてたとします。そのことで、オフィスに着いてからやるべきことの段取りが頭の中で整理されるでしょう。

「まず、（得意先の）A社のBさんにミーティングのアポを取り、それから企画書づくりに必要なデータを集めて、午後からはデータの読み込みに取りかかろう」

そんな具合に、デスクに座ればたちまち仕事モードになれるのです。

これならば、デスクにしばらく座り、

「今日は何をするのだったっけ？　あっ、アポ取りをしなくちゃいけなかったんだ……」

というように、仕事の流れを思い起こしたりする必要はありません。また、午前中に会議が予定されていたとしても、朝の三〇分でどんな発言をするかをまとめておけば、自信を持って会議に臨めますし、的確に自論を展開することもできます。なんの準備もしないままに会議が始まり、上司に意見を求められてあたふたする、といった醜態をさらすことにはけっしてならないわけです。

周囲の目にもその違いは明らかです。前者は、

「彼女は仕事が速いし、テキパキこなしてしている。会議でもいつも意欲的な発言をしている」

と好意的に見られるのに対して、後者は、

「彼女、どうしてあんなに仕事への取り組みが遅いの!?　会議でも的外れな発言ば

かりだし……」

ということにもなりかねないでしょう。

つまりは、朝の三〇分が両者を分けるのです。

禅にはこんな言葉があります。

**「善因善果《ぜんいんぜんか》、悪因悪果《あくいんあっか》」**

この言葉は、よい因縁を結べば（よい行いをすれば）、よい結果がもたらされ、悪い因縁を結べば、悪い結果がもたらされる、ということです。朝の三〇分を活かす、つまり、朝を有意義に過ごすことは、「善因」の最たるものです。しかも、一日のスタートである朝に結んだよい因縁は連鎖します。次々によい結果がもたらされるのです。

**一日三〇分を活かせば、一年間では一八〇時間を活かすことができます。「早起きは三文の得」という諺《ことわざ》がありますが、そのメリットは〝三文〟どころではありません。**人生の充実度がまるで違ってくるのです。

# 心と身体を一致させる大切さ

心と身体は密接にかかわり合っています。心、すなわち頭がどんよりしているときには、身体を動かす力、すなわち活力も低下しますし、身体が疲れていれば、心の力、元気、やる気、ひいては勇気までもがしぼんでしまいます。

そのことを指しているのが次の禅語です。

**「身心一如《しんじんいちにょ》」**

心と身体は一体のもので、分けることなどできない、という意味です。

みなさんにもこんな経験があるのではないでしょうか。

たとえば、失恋をして落ち込んでいるとき、仕事に取り組んでも思うように身体が動いてくれず、一向にはかどらない。

逆に楽しいこと、嬉しいことがあって気持ちが高揚しているときには、身体も軽く感じられて、動きも機敏になる。

そう、身体と心は互いに影響を及ぼし合っている、いってみれば相関関係にあるのです。生きるための両輪といっていいかもしれません。

そのためには、心と身体を常にバランスよく、よい状態に保っておくことが必須です。もちろんですが、その秘訣も朝にあります。

朝、目覚ましが鳴っても、

「あ〜あ、もう起きなきゃいけないんだぁ〜」

という気持ちで布団から起き上がったとしたらどうでしょう。

心には「まだ寝ていたい」という未練がたっぷり。気持ちが後ろ向きになっていますから、それが影響して身体の動きも鈍くなります。顔を洗うのもダラダラ、食事をするのもグズグズ……ということになるわけです。

そんな心身の状態を引きずったままオフィスに行ったら、上司や同僚と顔を合わせても元気な朝の挨拶などできるはずもありません。その延長でなんとも覇気のない一日になってしまうことでしょう。

一方、こんな朝だったとしたら……。

目覚ましが鳴るやいなや、

「おっ、朝だ。今日もいい天気。よし、頑張ろう！」

スッと起き、気合いの一つも入れれば、すぐに心は前向きになります。身体にも活力が注入されて、動く準備は万全。そこで軽い体操でもすれば、全身の血行もよくなり、心身ともに一日の始動態勢が整います。

つまり、「ダラダラ、グズグズ」が「キビキビ」に転じるのです。

その日がどんな一日になるかはいちいち説明するまでもないでしょう。職場でも、自分から元気な挨拶ができますし、仕事にも積極果敢に取り組むことができるのです。

**朝の時間はアスリートでいえばウォーミングアップにあたります。どんなにすぐ**

**れたアスリートでも、ウォーミングアップを疎《おろそ》かにしたら、いい結果は出せません。**入念なウォーミングアップをしてはじめて、レースやゲームで持っている能力をいかんなく発揮できるのです。

みなさんのこれまでの朝を振り返ってみてください。その時間は、ウォーミングアップになっていたでしょうか。

「う〜ん……」とクビを傾げている人が少なくないはずです。

そうであったら、善は急げです。

明日の朝から変えていきませんか。

# 第二章

# なぜ、朝早く起きると「幸運」になれるのか？

# 朝の充実感は、人生の充実感に直結する

人の価値観はそれぞれ違っていますから、「幸せ」ということについても、個人差があるものだと思います。

経済的に裕福であることに幸せを感じる人もいるでしょう。家族との温かいつながりに幸せを見出す人もいるはずです。

また、仕事で成果を上げることが幸せと感じる人がいてもなんの不思議もありません。


しかし、究極の幸せは、人生の最晩年、彼岸へ旅立つ際に、「できる限りのことはやってきた。本当に充実したいい人生だった」という思いが持てることではないでしょうか。私はそう思っています。

充実感はなににもまして心を豊かにしてくれますし、幸福感で満たしてもくれます。

では、人生を充実させるにはどうすればいいのでしょう。

曹洞宗の開祖である道元禅師にこんな言葉があります。

**「大海も一滴一滴が集まってできているのであるから、ほんのわずかのことでも他人にまかせてはならないし、（中略）大山はひとつまみほどの土が積もり積もって成ったものに外ならないのであるから、高い山のひとつまみの土ほどの小さなことでも、自分で積み重ねなければいけないのではないか」**

『典座教訓《てんぞきょうくん》』という書物に出てくる一節ですが、典座とは食事関係を司る禅僧のこと。その典座の心得として、道元禅師はこのくだりを書かれたのです。

大海ももとは一滴の水、大山もはじめはひとつまみの土から始まっていて、それが集まり、積み重なることで、雄大な姿になっている。

**小さなことを怠ることなく、丁寧に取り扱っていくことこそ、大切なことなので**

**ある、というのが禅師のおっしゃりたかったことなのでしょう。**

さあ、人生を充実させるヒントが見つかった気がしませんか。

人生という長い年月も、もとは一日なのです。

その一日一日が積み重なって、あるいは、連なってそれぞれの人生が紡がれていく。

**人生を充実させるためには、一滴の水、ひとつまみの土である「一日」を大切にすることが必要なのです。**

一日の充実なくして、人生の充実なし、です。

一日を充実感に包まれながら終える。

そこで肝心なのはスタートである朝です。

長距離レース、たとえばマラソンでは、ある程度の距離まで力を温存して、ラストスパートで勝負に出るというレースプラン、いわば〝かけ引き〟が功を奏することもありますが、**同じ長距離レースでも、「生きる」ということにかけ引きは通用しません。**

朝をちゃらんぽらんに過ごし、午後から一所懸命ことにあたったとして、その一日が充実したものになるでしょうか。

過ぎ去ってしまった時間を取り戻すこと、やり直すことはできません。その後、いくら頑張っても、〝ちゃらんぽらんな朝〟の埋め合わせなどできないのです。

一日の充実感は朝にかかっています。

充実感ということをキーワードにして、朝の過ごし方を思い描いてください。そして、実践しましょう。

それは、必ず人生の充実感に繋《つな》がっていきます。

# 心の余裕の源泉はどこにある？

仕事でも人間関係でも、それを円滑に進める上で欠かせないのが「余裕」です。

仕事上で余裕を失えば、当然ミスも起こりやすくなりますし、判断や決断を誤らせることにもなるでしょう。

人間関係も、余裕がないと意図するところがうまく伝わらず、誤解を招いたり、相手を怒らせたり、傷つけたりすることになったりします。

心に余裕を持ってすべてのことに臨む。私たちが常々心がけなければいけないのがこのことでしょう。

余裕のバックボーンになるものはいくつかあると思いますが、達成感、満足感も大きな要素だと思います。

なにごとかをしっかり成し遂げた、という達成感とそれにともなう満足感は、心に自信をもたらします。

この自信と余裕は、切り離せないものではないでしょうか。

**みなさんの周囲にも余裕を感じさせる人がいると思いますが、その人たちに共通しているのは自信にあふれているということではありませんか。**

仕事に関する自信、生き方についての自信、人としての器量に対しての自信……。そうした自信が振る舞いや佇《たたず》まいの余裕に繋がっていることは疑いを入れません。

そして、自信の背景になっているのが、〝これだけのことを成し遂げた〟〝こんな試練を乗り切った〟といった、達成感、満足感であることも、おそらくは間違いのないところでしょう。

そこには、達成感（満足感）↓自信↓余裕、という流れがあるのです。そうであるならば、まずは達成感を得ることに心を傾けるべきでしょう。

それはなにも大袈裟なことでなくてもいいのです。やるべきことをきちんとやる、達成感の基本はそこにあります。

中国は、唐の時代を生きた趙州従諗《じょうしゅうじゅうしん》という禅僧に由来するこんな公案（修行者を導くための問題）があります。

**「趙州洗鉢《じょうしゅうせんばつ》」**

ある僧が趙州禅師に、修行する上でなにが大切かを問います。そのときのやり取りは以下のようなものでした。

「ところでおまえさん、朝ご飯は食べたかな？」

「はい、いただきました」

「それなら、鉢を洗っておきなさい」

これで修行僧はハッと目を開かれたというのですが、禅問答は〝難解〟なのが当たり前。なんのことかわからないという印象を持った人が多いかもしれません。

ご飯をいただいたら、まず、やるべきことは使った鉢を洗うことです。

そうであるなら、それをすればいい。**修行の眼目はなにも難しいことではなく、ただ、そのときにやるべきことをやっていくことにあるのだ、ということをこの公案は語っているのです。**

さて、みなさんの朝はこんなことになっていませんか。食事をしたあと、食器を流しに置くまではいいのですが、

「時間がないなぁ。洗うのは帰ってからにしよう」

と片づけをあとにしてしまう。

つまり、やるべきことをやらないまま、家を出るわけです。なかにはそれが通常になっている人もいるかもしれません。

しかし、その〝やり残した〟という感覚はどこか心に引っかかります。

なにかの拍子に、

「汚れものをそのままにしてきちゃった」

「帰ってから洗いものをしなきゃいけないんだ。ああ、疲れているのに嫌だなぁ」

という思いがふっと湧いてくる。

人は気にかかることがあると、集中力が削《そ》がれますし、余裕も失われます。それでは、仕事にしろ人との対応にしろ、その後のやるべきことに全力投球できなくなります。

食事のあと片づけだけではありません。朝、自分がやるべきことはすべてやり遂げることが大事なのです。

やり残したことはなにもない。そんな「達成感」が、その日一日を余裕ある気持ちで過ごす原動力になります。

「そんなことをいったって、朝は時間がないし……」

というのはいい訳です。少し早く起きる。それで問題は一挙に解決です。

**禅は実践こそがすべてです。**達成感がもたらす心の余裕を、ただちに実感しましょう。

# 朝動くから一日の動きが軽やかになる

日本には世界に誇る「朝の行事」があります。一体、それはなんだと思いますか。

「ラジオ体操」がそれです。日本ではさまざまな企業の現場で朝のラジオ体操が行われています。

体操をすることによって心も身体も目覚めさせる。そのあとに、朝礼をやっている現場も少なくありません。

それが、日本企業の精度の高い仕事、精緻な仕事に繋がっているといっても過言ではありません。

心身が目覚めれば、動く（仕事に取り組む）態勢が整います。その上で、朝礼を行い、その日一日の仕事の流れ（情報）を全員で共有する。

建設現場などでは、資材を運ぶトラックなどの出入りも激しく、作業にも危険がともないますが、万全の態勢づくりと情報の共有で効率の高さと安全性をしっかり確保しているのです。

この日本が世界に誇る「朝の行事」を、私はみなさんの毎朝に、ぜひ取り入れていただきたいと思います。ラジオ体操でなくても、とにかく身体を動かす。そのことによって、一日の動きが格段に軽やかになります。

**止まっている車輪は動き出すまでに大きな力を必要とします。しかし、動き始めてしまえば、あとは自然とスピードも上がり、しっかり轍《わだち》を刻みながらスムーズに回っていきます。要するに、いつ動き出すかが重要なのです。**

寝ぼけまなこをこすりながら、オフィスに入り、そこから動き出したのでは、午前中の一時間、いや、それ以上の時間が仕事に向かう態勢づくりに費やされてしまいます。

一方、朝いち早く動き出しておけば、オフィスに入ったときには、すでに加速がついた状態で仕事に取り組むことができますから、気力も能力もフルスロットルで仕事を片づけることができるのです。

この差は大きいと思いませんか。

たとえば、出勤早々に、仕事相手から電話がかかってくる。

「明日のミーティングに必要なデータは今日送っていただけるんでしたよね？」

「ああ、そうでした。えーっと、これから揃えますから、午後にはお送りできると思います」

これが〝寝ぼけまなこ〟組です。

対して〝フルスロットル〟組はこうなります。

「はい、もう揃いますから、すぐにメールでお送りします！」

相手の受けとり方は明らかに違うはずです。どちらが信頼を得られるかはいうまでもないでしょう。動きの遅さ、鈍さは信頼感を損ない、その速さ、軽やかさは信頼感を生み出します。

その事実を知ってもなお、「少しでも長く寝ていたいなぁ」という誘惑に負け続けますか。それとも、「早々に動き出す朝」を習慣にすることに着手しますか。

こんな言葉があります。

**「習慣が変われば、人格が変わる。人格が変われば、運命が変わる」**

これは、米国の哲学者で心理学者でもあるウィリアム・ジェームズがいったものですが、習慣、引いては人格の変化は、仕事をはじめとする、ものごと全般に対する向き合い方の変化ももたらすことでしょう。

朝に身体を動かすという習慣は、なにごとに対しても、素速く、軽やかに動く自分をつくるのです。そうした習慣の変化は、最終的に運命をも変える、と著名な哲学者も太鼓判を押してくれています。

戸惑いも、迷いも、無用です。ここは実践しかありませんね。

# 朝起きられたことに感謝する意味

「もう朝だわ。今日も一日仕事をしなくちゃいけないんだ。あ〜あ……」

起床は一日を始めようとする起点ですが、早くも〝憂い〟が心に入り込む。みなさんの中には、そんな人も少なくないのではないかと思います。

ところで、みなさんは朝起きるということの意味を考えたことがあるでしょうか。

寝たら目覚めるのは当たり前。起きることに意味なんかあるの？　と思ってはいませんか。しかし、人の一生、人間がどう生まれてどのように死んでいくかなどは誰にもわかりませんし、自分ではどうすることもできないのです。

健康自慢の人が、その健康を保つために日課にしていたジョギング中に、突然、心筋梗塞の発作を起こして死んでしまう、といった事故は珍しくはありません。また、普段と変わりなく眠りについた人に、睡眠中に発作が起こり、翌朝目覚めることがなかった、ということも実際あるわけです。

**朝、変わりなく起きる、起きられた、ということはけっして当たり前のことではなく、それまでの命を繋いでいただいたということなのです。その命もご先祖様が断ち切ることなく、永々とみなさんに伝えてきてくれたからこそ、いま、そこにあるのです。**

そのことに、わずかでもいいですから思いを馳せてみてください。すると、起きられたことが「ありがたい」と感じられるのではないでしょうか。憂いの朝などとんでもありません。**朝、一番にすべきことは「感謝」以外にはありません。**

「今日も命をいただいてありがとうございます。この命を少しでも世の中のため人のために役立つよう、精いっぱい使わせていただきます」

朝は本来、そうした〝誓い〟を自らにいい聞かせる時間である。私はそう思っています。

では、命を精いっぱいに使うためにはなにが必要でしょう。

中国唐代の禅僧、瑞巌師彦《ずいがんしげん》という禅師に次のような逸話が伝わっています。

この禅師は毎日、自分に向かって「主人公？」と問い、自ら「はい！」と答えていたというのです。

禅でいう主人公とは、物語の中心人物という意味ではありません。本来の自己、真実の自分ということです。

つまり、禅師は「真実の自分でいるか？」と問いかけ、「はい！」と答えていたのです。禅師はさらに続けて、「しっかり目覚めているか？　ぼんやりなんかしていないだろうな？」と自問し、やはり、「はい！」と自答していたといいます。

**命を精いっぱい使う、つまり、精いっぱい生きるために欠かせないのが、真実の自分でいることであり、しっかり目覚めていることなのです。**

朝、起きられたことに感謝するのと同時に、瑞巌禅師に倣《なら》って、心の中で「主人公？」「目覚めているか？」という問いかけをしてみてはいかがでしょうか。

ほんの数秒もあればできる、そんな「朝の儀礼」が、一日を大きく変えることになるでしょう。

# 永遠不変の自然のリズムがあなたを変える

春は花
夏ほととぎす
秋は月
冬雪さえて冷《すず》しかりけり

これは道元禅師が詠まれた歌です。

どんな時代にも変わらず日本にめぐってくる春夏秋冬、それぞれの美しさを讃《たた》えたものですが、日本ほどくっきりと四季が色分けされ、そのどれもが深い味わいを感じさせてくれる国はありません。

そんな豊かな環境に囲まれていながら、現代の日本人の生活は、それを実感できにくくなっています。

桜の開花情報で春を、梅雨明け宣言で夏の到来を、紅葉前線の動きで秋を、初霜に関するニュースで冬の訪れをそれとなく感じる。

それらは極端な例かもしれませんが、現代人の多くは、さまざまな「情報」から季節感を得ているというのが実情ではないでしょうか。季節感さえもバーチャルになってしまっているわけです。

永遠不変の自然のリズムがめぐらす四季。

たとえばそれは、春は道端に咲く菫《すみれ》の花にあらわれています。短い生を惜しむかのように鳴く蟬の声は夏そのものです。降り積もった落ち葉には秋が余すところなく現じています。しんしんと舞い降る雪の一片ひとひらは、まるごと冬そのものです。

それらを五感で受けとめて、四季を感じる。それが季節感を身体で感じること、体感するということです。

それはそのまま、自然のリズムを自分が持つことでもあります。

自然のリズムを持てるようになると、ものの見方、感じ方が変わってきます。

それまでは見過ごしてしまっていた小さな一輪の花にも目がとまるようになり、「ああ、春の中にいま自分がいる。春とともに生きているんだなぁ」と感じることができるようになる。

落ち葉を踏みしめる感触から、秋とひとつになっている自分を感じとることができるようになるのです。

感性が磨かれていく、という表現の方が合っているかもしれません。

大切なのは自然ウォッチングでしょう。近くに公園などがあれば、朝、一〇分でもそこに出かけてみる。

自然はとどまることなく移ろいでいるものですから、その都度発見があるはずです。

「あっ、つぼみが昨日よりこんなに膨らんでいる」

「葉の〝赤〟がずっと濃くなってきた」

といったふうに。

それは、みなさんに自然のリズムが備わってきたことに他なりません。

自然から離れた住環境であっても、たとえば、室内やベランダに植物の鉢やプランターを置くことでウォッチングはできます。

**自然のリズムを持つこと、すなわち感性を豊かにすることは、美しく生きる必須要件です。**

朝、そのための時間をつくりませんか。

# 空き時間があなたにもたらすもの

禅の修行では**「暁天坐禅《きょうてんざぜん》」**といって、早朝に行う坐禅が日課となっています。

坐禅をすることで心を清々しく、穏やかにして、その日の修行に集中するという意味合いがあります。

「坐禅をしているときはどんなことを考えているのですか?」

よくそんな質問を受けます。

坐禅中は仏様のことを考えたり、自分の来し方行く末に思いを馳せたりするものだというイメージがあるのでしょうか。

答えは、なにも考えないが正解です。

**「只管打坐《しかんたざ》」**

これは曹洞宗の坐禅の根本をあらわす言葉です。

その意味は、ただ、ひたすら、座るということ。なにか目的があって座るのではなく、座ることそれ自体が目的であり、すべてでもあるのです。座ることに徹するといってもいいかもしれません。

もちろん、心にはさまざまな思いが湧いてきます。

修行をはじめたばかりの頃は、足が痛くなりますし、空腹感にも襲われます（修行中の食事はきわめて質素ですから）。

いやでも「足が痛いなぁ」「お腹が空いたなぁ」という気持ちになる。しかし、その思いをとどめないのです。

とどめるから、心が足の痛さや空腹感にとらわれることになる。放っておけば、思いはやがて消えていきます。思いの湧くまま消えるままにまかせる。

それが考えないということです。

無心というのもそういうことだと思います。

すると、普段は気づかないような、風のそよぎや小鳥のさえずりといったものが感じられるようになります。

それは本当に心地よいものです。その心地よさだけに心身を委ねている状態が、ただ、ひたすら、座ることだ、と私は思っています。

心地よさは、心に清々しさや穏やかさをもたらします。ですから、朝の坐禅はみなさんにもお勧めです。

ただ、経験のない人には少し敷居が高いと思います。

そこで、まず**「ボーッとする時間」**を持つのはいかがでしょうか。

現代人は始終なにかに考えが向かっています。それは不安や悩みだったり、仕事のことだったり、人間関係だったり……。いずれにしても、なにも考えず、ボーッとしている時間がないのではないでしょうか。

もちろん、人によってはボーッとしている時間などムダだし、そんな時間を持つのはもったいない、という考え方をする人もいるでしょう。

しかし、常になにかを考えていることが、心が渇いたり、疲れたりする原因でもあるのです。

**心が潤いと元気を取り戻し、清々しく、穏やかになるためには、ボーッとする時間がなにより大事です。**

ただ、ボーッとして外の風景を見ている、部屋にある絵を見ている、観葉植物に目をやっている……。

なんでもいいのです。〝心地よくボーッとする〟時間を持って、清々しく、穏やかな心で一日を始めましょう。

## 心の汚れを落とすには、夜より朝がいい

人はもともと、一点の曇りもない美しい心を持っています。

それをいっているのが仏教の次の言葉です。

「一切衆生《いっさいしゅじょう》悉《ことごとく》有仏性《ぶっしょうあり》」

生あるものはすべて仏性を持っている、すなわち、仏になる可能性を有している、いま一歩進んで解釈すると、生あるものはすべて仏性そのものだ。そういう意味ですが、仏性と美しい心は、ほとんど同じと思ってよいでしょう。

しかし、生きていれば、いやでも心には曇りが生じてきますし、塵《ちり》や埃《ほこり》もついてきます。一般に煩悩といわれるもの、欲や執着《しゅうじゃく》、妄想《もうぞう》などがそれです。煩悩は何層にも積もって美しい心を覆ってしまいます。私はその状態を「心のメタボリックシンドローム」と呼んでいますが、現代人の「心のメタボ」はかなり深

刻な状態まで進んでいるのではないでしょうか。

しかも、時代はさらに煩悩を刺激する状況にあります。テレビやインターネットなどのメディアが発信する情報には、現代人は執着や欲をかき立てずにはいられないことでしょう。

「こんな便利な商品があります！」

「このブランドはあなたに必須のアイテム！」

「もっとお金が稼げるノウハウの決定版がこれ！」

つまり、みなさんの心は、四六時中〝もっと欲しい〟〝これを持ちたい〟〝こうなりたい〟という煩悩にさらされ続けているのです。いたるところ誘惑だらけ。それが現代という時代の特徴だといっても、けっして過言ではないでしょう。

そんな中で一日を過ごして迎える夜は、執着や欲が心に渦巻いていると思います。

「昼間見たあのブランドのバッグ。欲しいなぁ。明日買ってしまおうかな」

「ネットでチラッと見た便利グッズ、絶対役に立つと思う。うん、買うことに決めよう」

みなさんにもそんな思いに〝悶々〟とした経験があるのではありませんか。

そして、翌日、前夜の〝決意〟のままにバッグや便利グッズを手に入れたら、ことはそれで済むでしょうか。そうはいかないと思います。

執着や欲には際限がありません。ひとつ手に入れたら、もっと欲しくなる。欲がひとつ満たされたら、次なる欲が生まれるのです。そして心のメタボ状態はますます深刻になります。

朝が重要です。リセットされた朝にもう一度、欲や執着と向き合ってみるのです。

「便利グッズがなくても、困るということはないんじゃない?」

「あのブランドバッグは本当にいまの私に必要なのかしら?」

答えはすぐに出ないかもしれません。ですから、三日間はそれを続けるのです。

その結果、「どうしても必要」「なくては困る」ということなら、買えばいいのです。

しかし、たいていの場合、「必要とはいえない」「なくても困らない」という答えに行き着くはずです。ただでさえ、現代人はものや思いを持ちすぎているからです。

**朝、執着や欲と向き合うことは、それらを捨てるもっとも有効な方法です。**

仏教にこんな言葉があるのをご存知ですか。

**「知足《ちそく》」**

文字どおり、「足る」を「知る」ということです。

「いまのままでありがたい」「これでもう十分」という心で生きるのが、まさしく知足の生き方です。

お釈迦様は知足について、次のような意味のことをおっしゃっています。

「足ることを知る人は、不平不満がなく、いつも心豊かでいられる」

禅が目指すのも、足ることを知る生き方、持ちすぎないシンプルな生活です。

そこに一歩近づくごとに、心は豊かになるのです。

歩を進めるカギは、朝にあります。そのことをしっかり肝に銘じましょう。

# 朝の段取りは、人生の段取りに繫がる

朝の時間を有効に、また、有意義に過ごすためには「段取り」が必要です。

段取りがあるから、ひとつひとつのことに心を込めて、丁寧に取り組むことができますし、そのことで朝は充実したものになるのです。

「さあ、なにからしようかな。お掃除？　やっぱり、食事の支度が先？　それとも……」

というのでは、なにひとつまともにこなせず、時間ばかりが過ぎていくことになります。

いまは、たくさんの人が時間に追われる感覚を持っていると思いますが、それもきちんとした段取りがないことが原因のひとつでしょう。時間が効率的に使えず、ロスが多くなるからです。

先に紹介した趙州従諗禅師に、こんな言葉があります。

**「汝は一二時に使われ、老僧は一二時を使い得たり」**

ある僧が、一二時（一日二四時間のことを指す）をどのような心構えで過ごしたらよいかを趙州禅師に尋ねたときの答えがこれです。

それは、

「おまえさんは時間に使われて過ごしているが、わしは時間を使いきって過ごしておる」

という意味です。

時間に使われているのと時間を使いきっているのとは大違いというわけですが、それでは一体、両者の差はどこから生まれるのでしょうか。

**なにをするにしろ、主体的にそのことに取り組むのが〝時間を使う〟ということ、主体を置き忘れて取り組むのが〝時間に使われる〟ことです。**

わかりやすい例を挙げましょう。ある仕事を与えられたとします。

そこで、

「よし、全力投球して自分が納得できる仕上がりにしよう」

というのが主体的な取り組み方です。

そうではなくて、

「なぁんだ、つまらない仕事。仕方がないからやるかぁ」

というのが、主体を置き忘れた取り組み方です。

こうした例から、時間を使うことと時間に使われることの違いが、ニュアンスとして伝わるのではないでしょうか。


段取りも、主体的に取り組もうとする姿勢からしか生まれません。

みなさんも、なにかに取り組むとき、「適当でいいわ」などと考えたら、段取りということには思いが及ばないのではありませんか。

整理しましょう。**段取りをつけてものごとにあたるということは、主体的に取り組むことであり、その時間を使い切っていることなのです。**

あらゆるものごとに対してそうでありたいものです。

そのためには一日をスタートさせる朝が大切です。

時間に追われる朝を、〝時間を使う〟朝に変える。それが、その後の時間も使いきること、つまり、主体的に取り組むことに直結します。

そして、どの時間も主体的に取り組んでいくのであれば、その連なりである人生をも主体的に生きることができるでしょう。

そこに「時間を使いきった」という充実感、さらには幸福感があるのはいうまでもありません。

第三章

# 実践！心身が調う朝の禅的習慣

心身に効く
朝の使い方
001

# まず、朝一〇分だけ掃除をする

目が覚めて、出かけるまでの朝の時間は、ちょっと気を抜くと「あっ」という間に過ぎてしまいます。これまでもお話ししてきたように、その時間は、けっして疎かにしてはいけない、本当はとても大切な時間なのです。

その大切な時間をどう過ごしていくか。ここからはその方法を提案していきたいと思います。別のいい方をすれば、これは朝を充実させ、それを一日につなげ、一日を一カ月、一カ月を一年、一年を数十年、やがては人生全般を幸せにしていく、という流れをつくるための提案でもあります。

朝やるべきこととして、まず私が挙げたいのは**「掃除」**です。

「朝の掃除？　ただでさえ時間がないのに、それは無理」

ほとんどの人の反応は、こんなところかもしれません。それは、掃除に対しての固定観念があるからです。

「ウイークデーはほとんど掃除をする時間がないから、やるとしたら休日に一気にしかできない……」

というのがそのイメージでしょう。

**しかし、ここで提案しているのは、そんな〝大がかり〟な掃除ではありません。五分、一〇分で済む掃除です。**毎朝、小さな「エリア」を制覇していくだけで済みます。

詳しく説明しましょう。生活空間にはさまざまなエリアがあります。

キッチンエリア、バスエリア、寛《くつろ》ぎエリア、就寝エリア……。トイレも、玄関も、もちろん、エリアのひとつです。住まう環境、すなわち部屋は一様ではありませんから、エリアの区分けはそれぞれでしていただいていいのですが、そのエリアのうちどこか一カ所だけ、そこを朝の掃除のターゲットにするのです。

たとえば、月曜日は玄関、火曜日はキッチン、水曜日はトイレ、木曜日はお風呂という具合です。手が回らなかったエリアは休日にするといいでしょう。

すると、一週間でほとんどのエリアの掃除ができてしまいます。掃除のポイントはたったひとつ。拭くなら拭く、掃くなら掃く、というそのことだけに集中するというのがそれです。

そのことをいっているのが次の禅語です。

**「一行三昧《いちぎょうざんまい》」**

三昧は一般にも仕事三昧、遊び三昧といった使われ方をしますが、一心に、全力を投入して、全身全霊で行う、ということ。つまり、ひとつのこと（一行）を徹底して行うというのがこの禅語の意味です。

みなさんは禅寺の雲水が掃除をしている場面を見たことがあるでしょうか。ときどきテレビなどでも取り上げられますが、それこそ〝疾風のごとき〟速さで、雑巾を手に廊下を這い回っています。まさに掃除三昧の姿です。

掃除を終えてどのエリアでも「わぁ、綺麗になった！」と感じたとき、心地よい気分になるはずです。心が晴れ晴れするでしょう。それは一体なぜだと思いますか。

禅にはこんな言葉もあります。

**「一掃除《いちそうじ》、二信心《にしんじん》」**

信心は文字通り、仏様を信じる心のことですが、なんと、それよりも上位に掃除を位置づけているのです。それは、掃除は単にその場所を綺麗にするだけではなく、自分の心についた塵や埃を払うことにも直結している、と考えるからです。

掃除をすることで心の塵や埃が払われる。そして、心地よさがもたらされ、晴れ晴れした心にもなるのです。心が調うといってもいいでしょう。

**生活空間を綺麗にする。それは心を調える大前提でもあります。散らかった部屋にいて心を調えようとしても、できるわけがありません。**

朝の掃除は、まさに心を調える作業です。

これほど朝にふさわしい作業はないのではありませんか。

心身に効く朝の使い方
002
# 椅子に座って一〇分間坐禅をする

坐禅が禅の修行の中心となるものだということは、みなさんもご存知だと思います。前章でお話ししましたが、修行中は朝も明けきらない時間から「暁天坐禅」と呼ばれる坐禅が日課になっています。

坐禅をすることで心をスーッと落ち着かせ、清らかでまっさらな状態にして、その日の修行に入っていくわけです。

「只管打坐」

これもすでに紹介した言葉ですが、ただ、ひたすら、座るという曹洞宗の坐禅の在り方をいった言葉です。坐禅の真髄がここにあります。

静かに座っていると、〝季節の音〟が聞こえてきます。風が木の枝を揺らす音、鳥のさえずり、川のせせらぎ――。

さらに極まってくると、秋は色づいた葉が大地に落ちる気配までわかり、冬にはしんしんと降る雪の音さえ感じられる。心は澄みきっていて、どこにもとらわれるところがありません。

もちろん、その境地になるにはかなりの修行を重ねなければなりませんが、朝、一〇分でも静かに座ることは、心を軽くして一日を始める上で、大いに意味があると思います。

といっても、「坐禅はちょっと敷居が高くて……」という人が少なくないでしょう。そこで提案したいのが**「椅子坐禅」**です。本来、坐禅は坐禅会に参加して、禅僧の指導を受けるべきものですが、椅子坐禅でもそのあらましは体感することができます。

「あっ、なんだか気持ちがスッキリ!」

「心が穏やかになった気がする」

そんな感覚を誰でも味わうことができるでしょう。

「はじめに」でも触れていますが、「調身」、「調息」、「調心」これが坐禅の三要素です。

意味は、姿勢を調える、呼吸を調える、心を調える、ということ。これら三つは、深くかかわり合っています。すなわち、姿勢を調えると、呼吸が調ってくる。呼吸が調うと、心が調ってくる、という関係にあるのです。それを踏まえた上で、ぜひ、椅子坐禅を朝の時間に取り入れてください。

やり方は次の通りです。

①椅子に座ります。椅子の背からは少し前の位置にお尻を置き、膝の角度は九〇度、両脚は肩幅に開いて、背筋を伸ばします。

②両手を組みます。手の平を上向きにして、右手を上に左手を下に組み、卵を包み込むように両方の親指を軽く触れ合わせ、太ももの上に置きます。これを「法界《ほっかい》定印《じょういん》」といいます。

③舌先を上あごに軽くつけます。ここで一呼吸。口を閉じた後に大きく息を吸い、

口から吐き出します。
④上体を左右に揺らします。これは身体が左右対称に安定する位置を探すためです。右に左に、身体をゆっくりと揺らしながら、だんだんその幅を狭くして、その位置を決めていきます。
⑤眼は完全には閉じません。半眼にして（薄く眼を開いて）、視線は一・五メートルほど前方の床に据えます。
⑥ここからは腹式呼吸です。丹田（おへその下約七・五センチの位置）を意識して、鼻からゆっくりと息を吐き出し、最後まで吐き切ります。吐き切ってしまえば、自然に空気が入ってきますから、吸うことを意識する必要はありません。
⑦あとは一〇分間、姿勢を保って呼吸を繰り返します。

最初は要領がうまくつかめないかもしれませんが、しばらく続けると慣れてきて、心が軽くなる感じが身体でわかるようになります。

そのときは、もう、みなさんの朝に欠かせない〝儀式〟になっているはずです。

心身に効く
朝の使い方
003

# 玄関を整える

みなさんが普段日常的に使っている言葉の中には、仏教や禅に由来するものがいくつもあります。

その代表格が「玄関」です。

「玄」は玄妙なる空間、つまり、奥深い真理の世界のこと。「関」は、その世界に入っていく入口のことです。悟りを求め、そのための教えを請う入口、それが「玄関」とされてきたのです。

禅寺を訪ねたことがある人もいると思いますが、その折、**「脚下照顧《きゃっかしょうこ》」**、あるいは「照顧脚下《しょうこきゃっか》」「看脚下《かんきゃっか》」と書かれた板を目にしたことはないでしょうか。どれも「足元を見なさい」という意味ですが、そこから転じて、「履きものを揃えなさい」という意味で使われています。

玄関にあるその板は、

「ここから先は悟りへの道。どうぞ、履きものを揃えてお入りください」

というメッセージを伝えています。

これは禅寺に限ったことではありません。脱いだ靴を揃えるのは当たり前の振る舞い、所作の基本でしょう。

さらに、この禅語にはもう少し深い意味も込められています。

**それは、「いま（そのとき）なすべきことをしなさい」ということ。**

靴を脱いだら、そのときなすべきことはなんでしょう。いうまでもなく、揃えることです。

この一事だけでなく、あらゆるとき、あらゆる場面で、そのときのなすべきことがあります。それを先延ばしにすることなく、常にしっかりやっていきなさい、というのがこの禅語がいわんとするところなのです。

現在の玄関は「家の顔」としての役割を担っています。人も顔を見ればその人柄が想像できるように、家の顔である玄関を見れば住んでいる人の暮らしぶりが透けて見えます。

靴は脱ぎっぱなし、散らかしっぱなし、三和土《たたき》には埃が積もりっぱなし……。

こういう人は、どんな暮らしぶりかが容易に想像がつきます。

**幸運を呼び込みたいのであれば、まず、玄関から整えましょう。**

スッキリしていて清潔。整える際のテーマはそれです。靴が何足も出してあったり、ショッピングカートや自転車が置いてあったりしていませんか。

マンションなどの集合住宅では、スペース的な問題もあって、仕方のない面があると思いますが、そこは最大限の工夫をして「スッキリ&清潔」を実現してみてください。

朝、自分を送り出してくれて、夜には自分を迎えてくれるのが玄関です。綺麗に整ってさえいれば、気分が違います。

出かけるときには、「さあ、今日も元気出して頑張るぞ！」という気持ちになりますし、帰宅したときには、ほっと癒される思いがする。週に一度でも、きちんと玄関エリアの掃除をしていれば、そう乱れることはないはずですから、毎朝家を出る際、目で確認するだけで「スッキリ&清潔」は保たれます。

スペースがあれば、小さな台でも置いて、花を一輪飾るというのも、いいのではないでしょうか。花は季節を感じさせてくれますし、心を癒してくれたり励ましてくれたりもします。

お客様をお迎えするようなときは、玄関でお香を焚くのも素敵な演出になります。いらっしゃる時間の少し前に焚いておく。お客様が玄関のドアを開けると、爽やかな香りがほのかに漂っているなんて、極上のおもてなしだと思います。

玄関は家の出入りに通過するだけの空間ではなく、さまざまな趣向を凝らすことができる空間なのです。整え甲斐があると思いませんか?

心身に効く
朝の使い方
004

# 朝、テレビはつけないと決める

朝は〝行事〟が目白押しです。歯磨きに洗面、トイレにも行って、身支度をしてメイクもして、食事も摂らなければなりませんし、新聞にも目を通さなければならない……。

これでは大事な朝の時間が慌ただしくなるのも無理のないことかもしれません。どこかの行事で時間がかかってしまえば、「わっ、いけない、電車に遅れる！」と脱兎のごとく家を飛び出すことにもなる。そういう場合、当然気になるのは「時間」でしょう。

そこで頼りにしがちなのが、多くの人の場合「テレビ」ではありませんか？

朝起きて、まず手を伸ばすのがテレビのリモコンだという人は少なくないはず。テレビからはニュースを始め、さまざまな情報が流れてきますが、画面をじっくり観ている人はほとんどいないのではないでしょうか。

気になるニュースや情報が耳に入ってくれば、しばらく画面を観続けることになるかもしれませんが、主に目でチェックしているのは画面に表示されている時刻でしょう。

それを時計代わりにチラチラ見ながら、出かけるまでの制限時間を確認する。これが多くの人の朝のテレビの活用法ではないでしょうか。

その結果、すべての朝の行動が「ながら」になっているに違いありません。食事も、着替えも、メイクもしかりです。テレビに気を取られながら行っているはずです。

「短い朝の時間なんだから、〝ながら〟もアリなのでは？」

確かに、同時に二つのことを行えば、一見効率的に見えます。しかし、本当にそうでしょうか。日本には「ながら」を戒《いまし》める諺がいくつもあるのをご存知でしょうか。

**「二兎を追うものは一兎も得ず」**
**「虻蜂《あぶはち》取らず」**

同時進行は効率的に見えて、じつはどちらも中途半端で疎かになるのです。人間は本来、一つのことにしか集中できません。
たとえば、テレビに目をやりながら朝食を摂っていて、美味しさを十分に味わえるでしょうか。箸やフォークで、ただ、機械的に食べものを口に運んでいるだけということになっていませんか。

禅語にこんな言葉があります。

**「喫茶《きっさ》喫飯《きっぱん》」**

お茶を飲むときは、お茶を飲むことだけに一所懸命になり、ご飯をいただくときは、そのことだけに集中しなさい、という意味です。それがなんであっても、そのとき、その瞬間に向き合っていることが、やるべきことのすべてなのだ。そうであるから、そのことだけに心を注いでいく。それが禅の考え方ですし、禅的生き方の基本なのです。
禅では目の前にある食事は、一〇〇人の人たちの手を経て、いま、そこにあると考えます。お米の一粒、サラダの葉っぱ一枚も、何人もの農家の人たち、流通業者の人たち、小売業者の人たちがいて、はじめて、みなさんの口に入るのです。

その食事は一〇〇人の人たちの「お蔭」によってもたらされているわけです。

禅の修行中、食事の前に必ず唱える「五観《ごかん》の偈《げ》」という文言があります。

その最初の文言がこれです。

**「ひとつには功《こう》の多少を計り、彼《か》の来処《らいしょ》を量る」**

その意味は、たくさんの人たちの働きで、いまこの食事があることに感謝していただきます、ということ。感謝の心をもっていただくべき食事に、「ながら」を持ち込むことなんてできるでしょうか。

食事を始めとする朝の〝行事〟のひとつひとつに「喫茶喫飯」の心で、その姿勢で、取り組みましょう。それが、いつでも、どんなことにも、「ひとつに集中」する生き方に通じることはいうまでもないでしょう。

手はじめは、朝のテレビの「スイッチオフ」です。

心身に効く朝の使い方
005

# 丁寧にお茶を淹れる

前項でお話しした「テレビのない朝」を実現したら、ぜひ、やっていただきたいことがあります。

**「丁寧にお茶を淹《い》れる」**というのがそれです。朝はほとんどの人がお茶やコーヒーを飲んでいるのではないでしょうか。

しかし、現在では買い置きしているペットボトルのお茶や缶コーヒーが主流ではないでしょうか。通勤途中のカフェやコンビニでテイクアウトして、会社に着くまでに飲む、という人も少なくないのかもしれません。

お茶を淹れることは、私の大切な朝の日課の一つです。ご本尊様やその他の仏様方に、井戸水を湧かして淹れた一番茶を差し上げる。

「ああ、今朝もみなさまに美味しいお茶を淹れることができた」

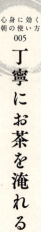

それは喜びであり、幸せでもあります。

「えっ⁉　お茶を淹れるって、ただ、急須にお茶の葉とお湯を入れるだけじゃない？」

確かにそうです。


「茶聖」といわれた千利休にはこんな言葉があります。

**「茶の湯とは、ただ湯をわかし、茶を点《た》てて飲むばかりなることと知るべし」**

しかし、この「ただ」は奥が深い。普通は「なんとなく」「意味もなく」といった意味合いで使う言葉ですが、利休がいう「ただ」は、「ひたすら」「一心にそれに打ち込んで」ということなのです。ひたすらお湯をわかし、一心に茶葉を急須に入れることに打ち込み、頃合いを見計らって、茶碗に注ぐことだけに打ち込む——。

**これは、平たくいえば、お茶を淹れるという一連の流れの所作のひとつひとつに「丁寧に心を込める」ということ。**

茶葉の量、急須に入れるお湯の温度、茶碗に注ぐまでに待つ時間……。どれひとつとしておざなりにしない。そうして淹れたお茶の味はもちろん格別です。

そうして淹れたお茶をゆっくりと味わう。さらに「ああ、美味しい」という思いだけが心を満たしていくのを感じる。**それが「お茶とひとつになる」ということです。**そのひとつになるということが、禅が目指す境地といってもいいでしょう。

ちなみに、私の経験でいえば、同じように丁寧に淹れたお茶でも、毎朝味が微妙に違います。苦みが強く感じられることもあれば、まろやかな甘さを感じることもある。私はそれを、体調をはかる「バロメーター」にしています。

「いつもより苦く感じるな。体調が下降気味かもしれない。今日一日注意をして過ごさなければ……」

「まろやかな甘さが際立っている。今日の体調は万全。少々、無理もきくな」

という具合です。すぐには感じられないかもしれませんが、常に丁寧に淹れることを心がけていれば、みなさんも、朝の一杯のお茶で体調がわかるようになるはずです。

心身に効く朝の使い方 006

# 鏡に向かって自分に問いかける

みなさんは、朝、何度鏡を見ますか。

女性は洗面のときとメイクのとき、また、身支度をするときという答えが多いでしょうか。男性では洗面時と身支度のときというのが一般的かもしれません。

では、そのときに一体なにを思うでしょうか。

「気になるのは、お肌がくすんでいるな〜とか、メイクのノリがいまいち、ということかもしれません」

「一応、髭の剃り残しがないか、寝グセがついてないか、ネクタイが曲がってないか、くらいは確認するけれど」

いずれにしても、鏡に映してチェックするのは「外見」だと思います。

米国のアップル社の創設者、故スティーブ・ジョブズ氏にはさまざまな名言がありますが、膵臓ガンという病を一時的に乗り越えたのち、招かれて臨んだスタンフォード大学の卒業式のスピーチの中で、彼は次のように語っています。

「私は毎朝、鏡に映る自分に問いかけるようにしているのです。『もし今日が自分の人生最後の日だとしても、今日やろうとしていることを私はやるだろうか?』と。『違う』という答えが何日も続くようなら、何かを変える(生き方を見直す)必要があるということです」

**ジョブズ氏が鏡でチェックしていたのは、自らの心の内、すなわち「内面」です。**

誰でもその日一日「こんなことをしよう」という思いを持っていることでしょう。普通は、それを順次こなしていくのだと思います。

しかしジョブズ氏は、その日で命が尽きるとしてもそれをやるかどうかを、自問していたのです。

それが「本当にやるべきこと」なのかどうか、彼は確認していたといってもいいでしょう。　これはまさしく禅の考え方です。禅では一瞬、一瞬の「いま」を精いっぱい生きなさい、と教えます。

そうする方法はただひとつ。

**「いま」やるべきことを、確実にやっていくという方法、ただそれだけです。**

そうしていれば、悔いが残るということがありません。いつ命がなくなっても、精いっぱい生ききったといえる人生です。

ジョブズ氏が禅に傾倒していたことはよく知られています。彼は、曹洞宗の禅僧・故乙川弘文《おとがわこうぶん》師に師事し、禅の心を自らの生き方の指針にしていました。

お忍びで、曹洞宗の大本山である永平寺（福井県）の坐禅会にも、しばしば参加していたとも聞いています。

黒のタートルネックにデニムという、シンプルな彼のファッションも、禅的生き方を表すものだったのだと思います。

鏡に映った自分への自問自答、という「ジョブズ流」をみなさんの朝にも取り入れませんか。

水は易《やす》きに流れるといいますが、人もともすれば、怠惰に流れたり、面倒なことは避けたり、ということになりがちです。

しかし、鏡の中の自分に問いかける習慣をつけたら、それに歯止めがかかるのではないでしょうか。

「いけない、いけない。例の件を先送りにしようとしている。でも、本当にやるべきことは、やっぱり、あのことなんだ。よし、気合いを入れよう」

ということになると思うのです。仕事でも、プライベートなことでも、「いま」に真っ正面から取り組むことができます。「禅の心で生きる」とはそういうことです。

最後は、鏡の中の自分が笑顔になったかどうかを確認して、新たな一日に踏み出してください。

心身に効く朝の使い方 007

# 目覚まし時計が鳴ったら、とにかく身体を起こし、ひと声発する

朝の目覚めは〝スッキリ〟にこしたことはありません。しかし、なかなかそうはいかない。たいていはこんなことになっているのではないでしょうか。

「ああ、もう少し寝ていたい。あと五分だけ……」

目覚まし時計にせっつかれながらも、なかなか布団から抜け出せない。寒い季節はなおさらです。そこからいいわけ探しが始まります。

「昨日遅かったんだもの、今日くらいギリギリまで寝ていたって……」

「このところ残業続きで疲れているし。一分でも長く身体を休めなくちゃ」

しかし、これが曲者です。いいわけを考えるから、起きられなくなるのです。さっと起きてしまえば、どうということはありません。

修行中の雲水は、「振鈴《しんれい》」という鈴の音の合図で起床します。雲水にしたって起きるのはつらい。しかし、それも起きる直前のほんの一瞬で、起きたらつらさはすぐにも消えてしまいます。もっとも、振鈴はけたたましい音量ですから、寝続けるなどは、ほぼ不可能に近いのですが。

**目覚まし時計が鳴ったら、とにかく上半身を起こしましょう。**横になったまま目覚ましを止めようとするから、「もう少し、このままで……」という誘惑にかられるのです。〝水平〟から〝垂直〟に身体の状態を変えてしまえば、誘惑は断ち切れるのではないでしょうか。

そして、**ひと声発する。**これは覚醒効果を狙ってのことですから、言葉はなんでもいいのです。オーソドックスに「おはよう!」と自分にいうのだっていいですし、「今日も頑張るぞ」「気合いだ」「元気ですかぁ?」などでも、もちろん構いません。自分に活力が入る言葉を見つけてください。

現在では目覚まし時計も進化しており、起きるまで止まらない「機能」を備えたものもあると聞きます。

タイヤがついていて、寝たまま止めようとしても、逃げていって鳴り続ける、鳴ると同時に本体からプロペラが飛び上がり、そのプロペラをつかまえて本体に差し込むまで止まらない、など機能も多彩のようです。

確かに効果はあるのかもしれませんが、そこまで目覚ましに頼るというのはどうでしょうか。目覚ましを使うというより、目覚ましに翻弄されている感が否めません。第一、目覚ましを追いかけたり、つかまえたりしている図は、清々しい朝の光景として美しくないと思います。

やはり、すぐに動く（上半身を起こす）、ひと声発する、という〝起床儀式〟を習慣にするのがいいと思います。

朝、布団の中でグズグズしていれば、その分、その後の予定がタイトになります。一日中時間に振り回されて一日を過ごすことになるより、〝スッキリ〟が持続している一日にしましょう。

心身に効く
朝の使い方
008

# 起きたら日光を浴びて深呼吸をする

みなさんが朝起きて、真っ先にすることはなんですか。

歯磨きや洗面、トイレという人が多いと思います。必要ならトイレを済ませるのはいいとして、できたらすぐにしていただきたいのが、**「すべての窓を開け放つ」**ことです。

窓を閉めきっていた夜の間に室内の空気は澱《よど》んでいます。窓を全開にしてその澱んだ空気と外の新鮮な空気を入れ換えるのです。

朝の空気は、都会であっても澄んでいて、清々しさを室内に運んでくれます。

ズボラな人の中には、朝は時間がないし面倒だから、窓はおろかカーテンも開けないという人もいるようですが、朝のフレッシュな空気を感じてこそ、心も身体もリセットされる、つまり、新しいその日一日を生きる態勢が整うのです。

閉め切った「穴ぐら」での生活とは、早々に訣別してください。

心も身体も目覚めたらすぐに全力でというわけにはいきません。

まず、態勢を整えて、そこから徐々に加速し、力いっぱいその日を生きていく、という流れが必要になります。


たとえばですが、オペラでは幕が開く前にプレリュード（前奏曲）が演奏されます。それが開幕後の本編への流れをつくり、盛り上げもするわけです。**朝の時間はまさしく、一日のプレリュードといっていいでしょう。**


私も朝起きたら、まずは雨戸と窓をすべて開けます。

本堂、庫裏《くり》と、とにかくあらゆる戸という戸、窓という窓を開け放つのです。寺ですから開けるところはたくさんあるのですが、開けた瞬間にどの開口部からも清々しい空気が流れ込んできて、「あぁ、今日も一日が始まるのだな」という思いにさせてくれます。

それから、山門を開けるために外に出るのですが、そこで大きく深呼吸をします。

その朝の空気をいっぱいに吸い込み、吐き出す。

朝の空気ほど季節を感じさせてくれるものはありません。

春はやわらかい風に木の芽吹く香りが運ばれてくるように感じられますし、夏になると濃い緑が視界いっぱいに広がって、身体に鋭気を注ぎ込んでくれる思いがします。秋の涼やかな風に触れると心にまでそれが吹き抜けていく気持ちになりますし、冬の冷気は心も身体もシャキッと一気に目覚めさせてくれます。

もちろん、みなさんの生活環境と寺のそれとは異なりますが、朝は庭やベランダに出て思い切り深呼吸をするといいと思います。深呼吸には身体の邪気を吐き出すという意味合いもあります。

三回から五回深呼吸をすることで、身体が浄化される感じがするのではないでしょうか。

朝は太陽の光を浴びることも大切です。日光はエネルギーの源ですから、五分でも陽光を浴びて、自然のエネルギーを体内に注入しましょう。

現代人は誰もがストレスを抱えています。

そのためか、心に安らぎをもたらすセロトニンという脳内物質が不足しているといわれています。そのセロトニンを増やすもっとも有効な方法が、太陽の光を浴びることなのです。

深呼吸をして朝の日光を浴びる――。

とてもシンプルですが、これも朝に定着させたい習慣です。

心身に効く朝の使い方 009

# 自然の音を聴く

朝の時間はテレビのスイッチをオフにしましょう。私はそう提案しましたが、なかにはこんな人がいるかもしれません。

「テレビをつけない朝を実践しようと思うのだけれど、音がなにもないのって、かえって落ち着かなくなりそう……」

起きてすぐテレビをつけることを習慣にしてきた人は、そんなふうに感じるかもしれません。防音性、遮音性の高いマンションなどで暮らしていると、外の音は完全にシャットアウトされますし、無音は意外に不安に繋がるものです。

そうであれば、「音楽」を流すというのはいかがでしょう。

「そうか、好きな音楽を流すのか。でも、お気に入りのジャズのCDなんかかけたら、聴き入っちゃって、食事にも〝集中〟できなくならない？」

確かに、好きな音楽には耳を奪われそうです。好きなフレーズの箇所では、「おっ、ここはやっぱりいいなぁ」となるでしょうし、思わず口ずさむということにもなりそうです。集中力も削がれることでしょう。

ここではジャンルの選定がポイントになります。

耳に心地よくて、しかも邪魔にならない。朝、聴くのに最適なのはそんなジャンルの音楽です。

みなさんは、「自然音」という音楽のジャンルがあるのをご存知ですか。

川のせせらぎや波の音、小鳥のさえずりや虫の音、風のそよぎや雨音など、文字通り、自然を感じさせる音で構成されている音楽のジャンルです。

自然の音は耳に優しく、心にやわらかく響きます。心も身体も解きほぐし、安らかにしてくれるのです。

人間も自然の一部であることを思えば、それは当然のことでしょう。

ここで、自然と人間のかかわりを説いた禅語を紹介しましょう。

## 「独坐大雄峰《どくざだいゆうほう》」

唐時代の中国の禅僧である百丈懐海《ひゃくじょうえかい》禅師のものとされる言葉ですが、ある僧から、

「この世の中で一番ありがたいもの、尊いものとはなんですか？」

と問われたときの答えです。その意味は、連なる峰々が望めるこの大自然の中に、こうして命をいただき、どっしりと座っていることが、一番ありがたく、また尊いのだ、ということです。

どっしり座っている百丈禅師、まさにそれは自然と一体になっている姿です。そして、その姿を包んでいるのが、風のそよぎや小鳥のさえずりなどの自然の音であることはいうまでもありません。

自然と一体になったとき、人は究極の安らぎ、癒し、くつろぎを得る、という言い方ができるかもしれません。そして、そのことが、百丈禅師のいわれる、命をいただいていることのありがたさ、その命を大切に生きることの尊さを体感するということでもある。私はそんなふうに思っています。

ちなみに、道元禅師はこんな歌を詠まれています。

**「峰の色　谷の響きも　皆《みな》ながら　吾《わ》が釈迦牟尼《しゃかむに》の　声と姿と」**

釈迦牟尼とは二五〇〇年ほど前にインドで仏教を開かれたお釈迦様のことです。峰の色、谷の響きが意味するのは、自然の風景や音のことでしょう。それらはすべて、ひとつひとつが、お釈迦様（仏様）の姿であり声である、というのがこの歌の意味です。

自然の音の中で過ごす朝の時間。それは、お釈迦様の声に包まれている時間でもあるのです。堅苦しいいい方になりますが、お釈迦様自らの説法、法話をうかがっているにも等しい。

そうした朝はありがたく、素晴らしい朝だと思いませんか。

自然の音で心身を解きほぐし、ありがたい〝お声〟に触れて、さあ、出かけてください。

心身に効く
朝の使い方
010

# 部屋の緑に水をやる

一戸建てに住んでいる人はもちろん、マンション暮らしの人も、ベランダに鉢やプランターを置いて、植物や野菜を育てているというケースは少なくないと思います。

緑は自然の象徴。仏教では自然とともに生きることを「共生《ともいき》」といいますが、それも共生の実践です。

その緑のある暮らしをもう一歩進めてみませんか。部屋の中にも鉢やプランターを置いてみるのです。そうすることで、ベランダと室内の自然が繋がり、内と外に一体感が生まれます。外の自然が室内にも入り込んできて、より豊かな共生の感覚になれるのです。

そして、室内の緑の〝お世話〟を朝の習慣にする。

お世話といっても、水をあげたり、葉に霧を吹いたり、枯れ葉を取り除いたり、といった簡単なことですから、数分間もあればできてしまいます。

実際に自然と触れ合うその数分間は貴重です。ときがくれば花を咲かせたり、葉の色を変えたり、実を結んだりする植物は、とどまることなく、そこに命の移ろいを映し出しています。


**「諸行無常《しょぎょうむじょう》」**


これは仏教の根本的な考え方で、あらゆるものは常に移り変わっていて、一瞬たりともとどまっていることはない、という意味です。毎朝、わずかな時間でも自然と触れ合っていると、そのことが実感されます。

「あっ、花が開いている！　昨日の夜は咲いていなかったのに、一所懸命生きているんだ。やっぱり命ってすごいな。なんだか感動！」

そんな感動はみなさんの心に元気をくれますし、自分も「その日一日を頑張って生きよう」という思いにさせてくれるのではないでしょうか。

庭やベランダで野菜やハーブを育てるのもお勧めです。

たとえば、ミニトマトなら色づき具合を見ながら、「明日の朝、摘んでサラダにしよう」といった楽しみもありますし、朝摘みトマトが入ったサラダは、まさにひと味もふた味も違ったものになって、朝食をいつもより充実させてくれることでしょう。

ハーブは料理にも使えますし、ハーブティにして毎朝飲むのもいい。手づくりのハーブティなら、自然に「丁寧に淹れる」ことになるのは必然。もちろん、朝の一杯のお茶の楽しみも倍増します。

休日にはハーブを使ったポプリづくりに挑戦するというのはいかがでしょう。つくり方はインターネットなどで簡単に入手できます。室内にほのかな芳香が漂うだけで、心は穏やかに、また豊かにもなります。来客時に玄関に置けば、お客様のおもてなしにも一役買うことでしょう。

いかがですか。このように「緑のお世話」という朝の数分間の習慣は、さまざまな楽しみに広がっていくのです。やってみる価値あり、です。

心身に効く朝の使い方 011

# 天声人語やお経を書き写す

昨今はデジタル機器が普及して、ペンを持つ機会はどんどん失われています。文章を書くといえば、誰もがイメージするのは、パソコンのキーボードを叩くことでしょう。

確かに、ひらがなを打ち込めば漢字にしてくれるパソコンの利便性は歓迎すべきものです。しかし、その一方で文章力、とりわけ語彙力が低下していることも否めない事実ではないでしょうか。みなさんも、ごく簡単な漢字が書けなくなっていることに愕然としたことがあると思います。これはひとつの危機的状況だ、と私は思っています。

そこで、文章を書く習慣をつけることを提案したいと思います。とはいえ、ＩＴ化が進んだビジネスシーンでは、なかなかその機会がありません。

しかし、朝ならどうでしょう。早起きと時間のやり繰りで、十分その「枠」が取れるのではないでしょうか。

「でも、朝から頭を使って文章を書くなんて、考えただけでも嫌になっちゃう」

私の提案は、自分の文章を書こう、ということではないのです。

それではなにを書くのか。候補に挙げたいのが、新聞のコラム。たとえば『天声人語』です。字数にして六〇〇字ほどですから、書き写すのにそれほど時間はかからないと思います。

ちなみに、書き写すための専用ノートも販売されているようですから、それを利用するのもいいですし、もちろん、自前のノートやメモ用紙を使っても構いません。

現場でみっちり文章修業を積んだ書き手が、練りに練って書いた文章は、語彙も豊富ですし、言葉の使い方も的確です。それを書き写しているうちに、文章力は間違いなく上がります。

新聞各紙とも、同じようなコラムを掲載していますから、購読しているものを「お手本」にすればいいでしょう。新聞を取っていないという人も増える傾向にあると聞きますが、それなら、好きな本の一節でもいいと思います。

その成果は、手紙を書くときなどにいかんなく発揮されることでしょう。受けとった相手は、

「彼女、いい文章を書くね。こんな手紙をもらうと、心が洗われる気がするよ」

と唸ることになる。それが書いた人の人間としての魅力を、さらに高めることはいうまでもありません。

朝の時間に余裕があれば、ぜひ、やっていただきたいのが**「写経」**です。

実際、朝早く起きて写経をしているという人は結構いるとも聞いています。とくに女性に多いようです。

写すのは『般若心経』というお経。経題を入れて二七六文字、本文は二六六文字の短いものです。写すといってもお手本を筆でなぞるわけですから、誰でもすぐに

取り組めます。ゆっくり写しても二〇～三〇分。普通に写せば一五分くらいで終わるのではないでしょうか。

なお、禅寺で行う本格的な写経は、墨も自分で擦りますし、さまざまな作法があり、文字もお手本を見て自分で書いていくため、一時間から一時間半ほどかかります。

写経ぐらい心を落ち着かせてくれるものはありませんし、最後にそのときの自分の気持ちを記すのも面白いと思います。それらを保管しておけば、心の「自分史」になるでしょう。

「ああ、あのときはこんなことを思っていたんだわ。その思いをいま、実現できているかしら?」

といったふうに自分を省みることができる。

きっとそれは、生きていく〝糧〟にもなるはずです。

心身に効く朝の使い方 012

# 合掌する時間を持つ

現在、自宅に仏壇があるご家庭はどのくらいあるのでしょうか。かつての日本ではどこの家にも仏壇があり、子どもたちも大人の見よう見まねで、毎朝、その前で手を合わせたものです。

なぜ、そうするのか。理由はわからなくても、大人たちの様子から、それがとても大切なことだと感じ、成長するに従い、仏壇の前での合掌がご先祖様を敬い、感謝を捧げる〝所作〟だということを、はっきり認識していったのです。

いまある自分の命は、ご先祖様があってのものです。両親、そのまた両親とさかのぼっていって、一〇代さかのぼれば一〇〇〇人以上、二〇代さかのぼったら一〇〇万人を超えるご先祖様が存在しています。そのうちのたった一人でも欠けていたら、現在の自分は存在しないわけです。

ご先祖様が永々と命を繋いできてくれたからこそ、自分は命をいただいているのです。

しかし、現代の日本人は、そうしたことをすっかり忘れているように見えます。自分の命は自分のもの、自分は一人の力で生きている、といった考え方が蔓延している。その風潮と家から仏壇が姿を消したこと、合掌をしなくなったこととは、けっして無縁ではないでしょう。

日本に古くから伝わってきた風習であり、人びとに深く根づいていた文化といってもいいのが**「合掌」**です。

「日本を、取り戻す」は第二次安倍晋三内閣の柱といってもいいキャッチコピーでしたが、いま取り戻すべき〝日本〟として、私は合掌を挙げたいと思います。

毎朝、仏壇に手を合わせること、日常的にご先祖様に感謝の気持ちを表すことは、感謝の心の「原点」です。

しかし、冒頭で触れたように、そもそも仏壇がない家が増えているのが実情です。実家を離れて一人暮らしをしている人に限っていえば、仏壇を持っているケースはほとんど皆無に近いといっていいかもしれません。

希望としては、どの家にも当たり前のように仏壇があるという、社会の流れが生まれてほしいのですが、それにはまだまだ時間がかかりそうです。

そんな状況であれば、祖父母や両親の写真、もしくは神社やお寺でいただいたお札でもいいので、部屋のどこかにそれを置き、いつも小綺麗にしてその前で合掌する、というのはいかがでしょうか。

ここで、みなさんに知っていただきたいとても短い禅語があります。

**「露《ろ》」**

これは、どこにも包み隠すところがない、ありのままの自然の姿、という意味です。「男（現在は女性も同じです）は敷居をまたげば七人の敵あり」という諺もあるように、家から一歩出れば、そこは競争社会ですから、少なからず、〝戦闘モード〟にならざるを得ません。自分の社会的な地位や役割、立場を守らなければならない。それらに応じた振る舞いをする必要があるわけです。ときには虚勢を張らなければならないかもしれない。思いをこらえてグッと耐えなければならない場面もあることでしょう。いずれにしても、露ではいられません。

しかし、ご先祖様（もしくは、それに代わるもの）の前なら、地位も役割も立場も取っ払って、露になれるのではないでしょうか。

すなわち、「素の自分」でいることができるのです。

**素の自分でいられる場所は、そのまま生きる拠り所となるはずです。**そこで「いつもありがとうございます。今日も一日無事で過ごせますように」、もしくは、「今日はこんなふうに生きようと思います」と手を合わせる。

それは、本来の自分に立ち返る時間といってもいいでしょう。毎朝、合掌する習慣を持っている人に、自分を見失う人はいません。

# 第四章

# 美しい人に変わる朝の禅的行動

食べ物で美しくなる

# 朝の食事をきちんとつくる

「毎朝、きちんと食事を摂っていますか？」

この問いに、どのくらいの人が「ＹＥＳ」と答えるでしょうか。

少し古いデータで恐縮ですが、厚生労働省の二〇〇七年の調査では、朝食を摂らない人のパーセンテージは、三〇代の男性で三〇％を超え、二〇代の女性ではほぼ二五％にも上ることが明らかになっています。

私の感触では〝朝食抜き〟の傾向は、その後も加速しているのではないかと思います。

**しかし、食は命のエネルギー源です。**

一日三食きちんと摂るのが命に対するやさしさですし、命を尊ぶことでもあるのです。もちろん、私は朝食を欠かすことはありません。献立を紹介すれば、ご飯に味噌汁、卵焼き、佃煮、梅干し、漬け物……。これが基本形です。朝食時に季節の果物をいただくのもいいと思います。水分の多い果物は、夜より、むしろ朝食べるのが、お腹の調子を考えても理に叶っています。

ちなみに、禅僧の修行中の朝食はお粥です。味つけは胡麻と塩を一対一の割合で炒って、少し摺《す》ったものをかけるのですが、これがとても美味しいのです。お粥は応量器《おうりょうき》という漆《うるし》塗りの器からいただきますので、胡麻の香りと漆のほのかな香りが相まって、独特のいい風味になるのです。

このお粥が、お腹を健康に保つ上で大いに役立っているという気がします。修行中にお腹を壊す雲水はまずいません。私は、それは〝粥力〟によるものだ、とひそかに思っているくらいです。

そこでみなさんにも、週に一度か二度は、朝食をお粥にすることを提案したいと思います。とくに女性にはお勧めです。

私自身の修行中の経験ですが、お粥を朝の常食にしていることで、肌の色が白くなるのです。全食とも精進料理だということもあると思いますが、色白効果の主役はお粥でした。修行をはじめた当初は、少々色黒だった雲水も、半年、一年も経つと抜けるような透明感のある白い肌に変わります。

お粥の朝食をすぐにも実践してみてください。

ただし、一つ守っていただきたいことがあります。お粥を手づくりするというのがそれ。

「え〜っ、朝から料理をするの⁉」

みなさんのしかめっ面が想像できますが、少しも面倒なことはありません。前の晩に研いだお米を土鍋に入れて水を加え、準備をしておけば、翌朝は起きたら火をつけるだけです。たったそれだけの作業で手づくりのお粥ができ上がります。いまはお粥が炊ける炊飯器もあるようですから、そちらを利用してもいいでしょう。

**自分で〝しっかり〟朝ご飯をつくって、いただく。**ここが大事なところです。

でき合いのものとは違って、手づくりの朝食はひと味違います。食べ方だって丁寧になりますし、食べることへの感謝の気持ちも生まれるでしょう。

当然、「いただきます」「ごちそうさま」の言葉も自然と口をついて出るようになります。

朝のそんな時間を思い浮かべてみてください。心地よさ、穏やかさが心に流れ込んでくる気がしませんか。パンをくわえながら、コーヒーカップをそこらへんに置き、身支度をするような朝との違いは歴然でしょう。

つけ加えて提案するとしたら、朝食をお粥にした日は動物性たんぱくを断ち、〝野菜食〟で通してみたらいかがでしょう。

いってみれば、その日を「デトックス」の日にするのです。肉食に偏った食事は健康上問題がありますし、気性も荒々しくなるといわれています。

心を穏やかに保つためにも、このデトックスは有効です。

動いて美しくなる

# ゆっくりと散歩する

朝、身体を動かすことの大切さ、自然に触れることの意味については、すでにお話ししました。この二つの要素を併せ持つのが**「散歩」**です。自分のペースで無理のない距離をゆったり歩く。すると、頭と身体が目覚めるとともに、肌で季節の移ろいを感じることができます。

代々その地域に住んでいる人は別ですが、社会に出てから新たに居を構えた人は、案外、自分が住んでいる場所の周辺環境を知らないのではないでしょうか。それを知るには散歩が一番です。きっと新たな発見もあるはず。

「あら、こんなところに朝早くからお店を開けているパン屋さんがあったんだ」

「へぇ〜、けっこう綺麗な公園があるじゃない。花壇も手入れがされているし」

そんな発見は心をうきうきさせ、散歩の楽しさを二倍にも、三倍にもしてくれそうです。また、自分が住んでいる場所をよく知ることは、暮らしていく上での安心感にも繋がります。

散歩のポイントは〝ゆるさ〟です。毎朝必ずしなければならないという義務感を持ってしまうと、できなかったときに心の負担、すなわちストレスになります。雨の日や気分が乗らなかった朝はやめる、というくらいに、ゆるく考えておくのがいいさじ加減だと思います。

散歩の効用についてはさまざまな人が語っています。いくつか紹介しておきましょう。

「最高の癒しは、長い散歩。足のリズミカルな動きが、頭にはった蜘蛛《くも》の巣を、きれいさっぱり掃除してくれる」（アン・ウィルソン・シェイフ／米国の精神科医）

「悩みごとは、散歩して忘れ去るのが一番だ。まあちょっと外へ出てみたまえ。ほら、悩みごとなんか、翼がはえて飛んでいってしまう」（デール・カーネギー／米国の著述家）

「愛の幸福な瞬間、そよ風の楽しさ、明るい朝に散歩して新鮮な空気の香りをかぐこと。こういったことが、人生の中にあるすべての苦しみや努力ほどの価値がないと、誰にいえるだろうか？」（エーリッヒ・フロム／米国の哲学者、社会心理学者）

**心のモヤモヤや悩みを解消してくれるだけでなく、苦しみと向き合い、それを乗り越える努力をすることに匹敵するもの。それが散歩だ、と人生の先達は述べています。**

禅的に考えても、一日一日をきちんと感じて生きていくのに、散歩の意義は大きいといえるかもしれません。みなさんはこんなふうに思うことはありませんか。「また、今日も昨日と同じような日が繰り返されるのか。なんでこう何の変哲もない日々が続くのかしら？」

変化のない毎日が退屈に感じられる。しかし、同じ日が繰り返されるということなどないのです。**どの一日も他の日とはまったく違っています。その日だけの光が射し、風が吹き、雲が流れ、あるいは、雨や雪が降るのです。そして、その日を感じられるのは、人生でたった一度きりなのです。**

慌ただしく家を出てバスや電車に乗り、オフィスのあるビル街で仕事をし、同じルートで家に戻ってくる。そんなライフスタイルでは、たった一度きりで、二度と取り戻すことのできない「その日」を感じることができるでしょうか。

できません。そうであるから、毎日が変哲のない同じような日に思えるのです。

しかし、**長い時間でなくても、朝、散歩をすると、その日の光を、風を、雲を感じることができます。**

「今日の陽射しは昨日よりやわらかいなぁ」

「なんて心地よい風。気持ちを弾ませてくれる風ってあるんだわ」

歩を進めながらそんな思いが湧いてくる。

その日をしっかり感じるとは、きっと、そういうことだと思うのです。

〝変哲のない日〟とは明らかに違った、その日しかない、確かな一日が実感できるといってもいいでしょう。

先達の言葉を借りて、この項を締めましょう。

「まあちょっと外へ出てみたまえ」

笑顔で美しくなる

# 知らない人にも挨拶をする

特別なことがない限り、私は毎朝、四時半に起きます。コロナ前まではお寺の門を開けるのが五時一五分から三〇分くらいまでの間でした。

そこでは、いつもの「朝の顔」に出会いました。ジョギングをする人、ウォーキングをする人、犬を連れて散歩をする人、ひとりで散歩する人と、それぞれしていることは違うのですが、決まってその時刻になると、幾人もの人がお寺の前に通りかかるのです。

年代も性別もまちまちです。悠々自適の暮らしを想像させるお年寄りもいらっしゃいますし、働きざかりと見える人もおられる。

私はどなたにも、「おはようございます」と声をかけます。もちろん、相手も挨拶を返してくれます。

いつからかはじまった、ほんの一瞬の毎朝の「恒例行事」。これが心を温かくしてくれるのです。

心の交流と呼ぶにはあまりにもささやかなものですが、確かにそれが感じられるのです。**おそらく、「心の交流の原点」が挨拶にあるからでしょう。**

朝の散歩とも関連しますが、歩いていて行き交う人がいたら、みなさんも自分から挨拶の言葉をかけてはいかがでしょうか。

挨拶をされていやな気分になる人はまずいません。必ず、返礼があるはずですし、表情だって笑顔になっていると思います。その笑顔が、こちらの心を温かくしてくれることはいうまでもないでしょう。

こんな禅語があります。

**「和顔《わげん》」**

和やかな笑みをたたえた表情を指す言葉です。

仏教には**「無財《むざい》の七施《しちせ》」**というものがあります。

これは財力がなくても、教えを会得していなくても、誰にでもできる、人に対する施し（思いやりの心）のこと。そのひとつが「和顔施《わげんせ》」、すなわち、和やかな微笑みをもって相手と接するということです。

最近では挨拶をしない、いや、正しくはできない若い世代が増えているとも聞きます。

友だち親子という言葉に象徴されるように、家庭内での親子関係に変化があり、お互いきちんと挨拶を交わさなくなったということもあって、外での挨拶ができない子どもも増えているのです。

そんな時代だから余計に「心の交流の原点」である挨拶を見直す必要がある、と私は思っています。

朝の散歩はそのよいきっかけになるのではないでしょうか。

**見知らぬ人にも挨拶ができる人は、いつ、どんなときにも、誰に対しても、挨拶を忘れない人でしょう。人を思いやれる人、大らかに心を開いている人、というい**

**い方ができるかもしれません。**

ところで、みなさんは、「挨拶」がもともと禅の言葉であることをご存知ですか。

「挨」は前に突き進んでいくこと、「拶」はきり込むという意味です。

そこから、禅僧同士が言葉を投げかけ、それに対する相手の反応を見ることで、修行によって得た力量を見定め合うことを「挨拶（一《いち》挨《あい》一《いっ》拶《さつ》）」と表現するようになったのです。

その意味でいえば、挨拶することは、禅を実践することでもあります。

つまりは、もっともシンプルな禅的な生き方でもあるのです。

# あと片づけをすぐする

仕事でもその他の用事でも、しなければならないことなのに、なかなか手がつけられないということがあります。なぜそうなってしまうのでしょうか。

最大の原因は「溜めること」です。

溜めれば溜めるほど、やるのが嫌になりますし、億劫にもなります。これは一種の人間の心理でしょう。

朝に溜まりがちなものといえば、真っ先に挙げられるのは食事のあとの片づけでしょう。ついついあと回しにしてしまう。その結果、汚れた食器がシンクにうず高く積み上がることになり、「ああ、うんざり……」ということにもなるわけです。

そろそろ食事の〝スタイル〟を変えませんか。

料理をいただき、使った食器、調理器具を洗い、定位置に戻す。そこまでを「食事の時間」とするのです。

洗わないまま放っておいた鍋やフライパンに汚れがこびりつき、落とすのに往生したという体験は誰にでもあるはず。ただ、すぐに洗えば汚れも簡単に落ちてしまいます。細かいことですが、そうやってすぐ洗うようにすれば、使う洗剤や使う水の量も違ってきますから、経済的な面でもお得なはずです。

この一連のあと片づけの流れの中でも、とりわけ重要なのは〝戻す〟ということ。

禅の修行の中で、毎朝欠かせない作務が「掃除」ですが、当然、廊下を拭いたり庭を掃いたりします。そこでは拭き終えたり、掃き終えたら、掃除が終わるというわけではありません。雑巾や箒《ほうき》など、使った道具を元にあった場所に戻す。そこまでやって、はじめて掃除の終了となるのです。

修行で使う掃除道具は共有ですから、誰かが勝手な場所に置いたりすると、次に使う人が探さなければならなくなります。常に決まった場所にあること、つまり、使ったら元に戻すことが、誰もが作務を支障なくこなす必須条件なのです。

みなさんの生活でも、ものが常に決まった場所にあれば、使い勝手は格段によくなり、ストレスもぐんと減ると思います。テレビやエアコンをつけようとして、「あれっ、リモコンどこだっけ?」と周囲を見回したという経験は誰にでもあるのではないでしょうか。使いっ放し、置きっ放しは生活を不便にしますし、貴重な時間のロスにも繋がります。

ものは使ったら、すべて元の場所に戻す。私はこれを「ものに住所をつける」といっていますが、そうした習慣が大事です。まずは、朝の食事のあと片づけからです。

こんな言葉があります。

**「あるべきものが　あるべきところに　あるべきように　ある」**

自然であることの大切さ、尊さを詠《うた》ったものですが、ものも、いつもそれがあるべきところに、きちんとあるのがいいのです。そうしていれば、散らかるということとがありませんから、住まいの空間が整い、暮らしが美しくなります。

また、すぐに片づけることが習慣になると、あらゆるものごとの処理能力が高まります。ビジネスパーソンには溜め込んだ領収書を一カ月分まとめて処理するという人が少なくないようですが、結構時間がかかる作業ではないでしょうか。

「あの領収書どこにいった？　かなり高額だから、処理できないと困るなぁ……」

そんなことにもなりそうです。これにしても「溜めない」「すぐやる」習慣がついていれば、あっという間に的確な処理ができるはずです。メールの返信、資料や書類の送付、どれもすべて同じです。

人の振る舞い、行動は習慣に大きく左右されます。いや、習慣によってしか動けないといってもいいかもしれません。

朝の食事の片づけをあと回しにする人が、仕事だけはテキパキと処理をするということは、あり得ないことだと思います。

「溜めない」「すぐやる」のは、もちろん、朝からです。

# 禅語を声に出して読む

みなさんも、いくつか禅語を知っていると思います。

たとえば、

「以心伝心《いしんでんしん》」

これは言葉ではなく、心から心に思いが伝わるという意味ですが、日常でもよく使われている言葉ですね。

この言葉ほどポピュラーではありませんが、こんな禅語も一般に広く知られています。

「一期一会《いちごいちえ》」

厳密にいえば、禅語というよりも茶道の世界から生まれた言葉ですが、禅と茶道は深いかかわりがありますから、ここに込められているのは禅の心そのものだといっていいと思います。

その意味は、そのとき、その人と会っている時間は、生涯一度きりのもので、二度と戻ってくることはない。そうであるから、その時間を大切にし、精いっぱい相手に誠意をつくしなさい、ということです。


禅語は、長い禅の歴史の中で、祖師方（あまたの高僧、名僧たち）が体験的に得た生きる知恵を短い言葉に凝縮したものです。それは禅の教えを伝えるものであったり、悟りへの道筋を示すものであったりしますが、そこにとどまらず、すべての人にとっての生きる拠り所となるものです。

そんな禅語に触れる朝もいいものです。**ひとつの禅語を声に出して五回読む。**それを朝の日課にしてはいかがでしょうか。

ここでポイントになるのは声に出すということです。

黙読では言葉は目からしか入ってきませんが、声に出すことで目だけでなく耳からも入ってきます。ですから心に響くのです。

真言宗を開いた弘法大師・空海さんに次の言葉があります。

**「真言をいえば、その真言が光となって自分を包む」**

真言というのは「真実の言葉」という意味ですが、大まかにとらえると、呪文のような短いお経と思えばいいと思います。

その真言を「いう」ことで光に包まれると空海さんは語っている。あくまで「読む」ではないのです。これも声に出すことの重要性を説いているものでしょう。

いまは禅語の本がたくさん出ていますから、それを一冊購入して、毎朝、パッと開くようにするのです。

そして、そのページにある禅語を五回読み、禅語がいわんとしていることを心の拠り所にして、その日一日を過ごしてみる。

たとえば、開いたページにあった禅語が、

**「日々是好日《にちにちこれこうにち》」**

というものだったとします。

この禅語の意味は、その日一日にはよいこと、楽しいことがあるかもしれないし、逆につらいこと、苦しいことに出会うかもしれない。しかし、よいこと、楽しいことがあるからその日が好日（よい日）ではない。つらいこと、苦しいことも、その日に、自分だけが味わうことのできる、人生にとって大切な体験なのである。そうであるから、日々（どんな日）も好日（かけがえのない日）なのだ、ということです。

この禅語を心に入れ、拠り所としてその日を過ごす。そうすれば、たとえ仕事や人間関係でつらい思いをしても、

「もう、めげてしまいそう。でも、待てよ。これも私の人生にとって大切な経験なんだろうな。だったら、このつらさをしっかり受けとめなきゃ」

禅語を心の拠り所にすることで、心の在り様が変わり、つらくてめげそうな経験も真正面から受けとめられ、人生に活かせる経験に変わるのです。

## 「莫妄想《まくもうぞう》」

こんな禅語のページを開いた日は、さて、どんな一日になるでしょう。意味は、妄想すること莫《なか》れ、妄想なんかしてはいけないよ、ということです。

妄想の最たるものが、もうやり直すことができない過去をいつまでも悔やんだり、まだ、来てもいない未来に不安を抱いたりすることです。

しかし、この禅語を一日の拠り所にするならば、

「あのときああしていればよかったかな。いや、いや、これこそが妄想なんだ。大事なのはいま。とにかく、今日を一所懸命やろう」

ということになるのです。

禅語による、朝の〝おつとめ〟。実践あるのみです。

五感を使って
美しくなる

# 部屋をひと通りチェックし、ものを整えておく

朝の時間の締めくくりは、家を出る前のチェックです。ものがあるべきところにきちんとあるか、散らかっていたり、雑な置き方になっていたりしないか、などをひと通り確認してみましょう。

日本の鉄道の駅では、電車がホームを離れる際、駅員さんが安全を指さし点検しています。誰もが見たことがある光景だと思いますし、なにもあんなことまでしなくても、と感じている人もいるかもしれません。

しかし、あの指さし点検が、世界でも群を抜いた日本の鉄道の安全と、正確さを支えているのです。

基礎的な小さいことでも手を抜かず、丁寧に行っていく。なにをする上でも、もっとも大切なのがそれです。

**小事を疎かにしては、大事は成りません。**指さし点検を暮らしにも取り入れましょう。

私は「禅の庭」のデザイン、作庭の仕事や講演などで海外に行く機会が年間かなりあります。

その際、ホテルのチェックアウトをする前に、必ず行っているのが、まさに指さし点検です。バスルームOK、クローゼットOK、ベッドの上OK、金庫内OK、ゴミ箱OK、と二回は点検を行います。

そのせいか、忘れものをしたことはありませんし、バスルームのタオルやベッドカバーなども自分なりにきちんと整えてホテルをあとにできます。

自然と「発つ鳥跡を濁さず」の実践になっているわけです。

家を出る前の点検で〝問題箇所〟が見つかったら、ただちに整えます。ソファの上に雑誌が置きっ放し、キッチンテーブルの椅子が曲がって置かれている、カーテンが半開きになっている、観葉植物の鉢がズレているなど、気になるところはそのまま放置しないことです。

「そんなこまかいところまで気を使わなくてもいいのでは？」
そう思うでしょうか。

私がよく引用させていただく言葉に、曹洞宗大本山永平寺の貫首を務められていた宮崎奕保《えきほ》禅師のこんな言葉があります。

「（脱いだ）スリッパをそろえるのが、当たり前のこっちゃ。スリッパがいがんでおったら、放っておけないんだ。スリッパがいがんでおるということは、自分ががんでおるんだ。自分がいがんでおるから、いがんだやつが直せないんだよ。だから、ものを置いても、ちぐはぐに置くのと、まっすぐに置くのと、すべて心があらわれておるんだから、心がまっすぐであったら、すべてのものをまっすぐにする必要がある」

宮崎禅師は平成二〇年一月五日に満一〇六歳で亡くなりましたが、一〇〇歳を過ぎてなお、若い雲水とともに修行の日々を送っておられました。

「自分は修行をしておるんではなくて、当たり前のことをやっておるんや。それよりやることはないんや」というのも宮崎禅師の言葉です。禅師の先の言葉、心に沁《し》みませんでしょうか。

雑誌が散らかっている、椅子が曲がっている、といった〝細かい〟ことは、どうでもいいと思うでしょうか。**ものの置き方ひとつにも心があらわれるのです。**散らかった心のまま、曲がった心のまま、家を出ても平気でしょうか。そうではないはずです。

平気でないとすれば、散らかったものは片づける、曲がったものはまっすぐにする、ということに手間や時間を惜しんではいけません。

点検でもうひとつ大事なのは、五感を働かせるということです。指さし点検では「視覚」を使うわけですが、「聴覚」も「嗅覚」も動員しましょう。

たとえば、洗面所の水道の蛇口がしっかりしまっていなければ、水滴が落ちる音がするはずです。聴覚がそれをとらえれば、蛇口を締め直すことができます。

もしくは、コーヒーメーカーのスイッチが「ON」のままだったら、なんとなく焦げたようなにおいがする。それをキャッチするのは嗅覚の仕事です。嗅覚を働かせることで、消し忘れが防げるのです。こうした出かける前の点検は、数分もあれば済みます。

**空間を整えることは心を調えることです。**点検励行、毎朝調った心で出かけるようにしましょう。

# 出かける前の自分を「自撮り」する

人は周囲の人たちのことが気になるものですし、結構観察もしています。ときにその観察が辛口批評になったりもします。

「彼女、センスは悪くないけれど、派手すぎよね。もう少し、シックっていうことを知った方がいいと思うわ」

「ブランドものもいいけれど、あんなにブランドずくめじゃね。まるで個性がないじゃない」

そうした批評が的を射ているかどうかはさて置き、細部にまで観察眼が行き届いているのは確かなようです。しかし、その反面、案外と自分のことは見ていないのが人間なのです。

〝シック〟を標榜する人が、じつは批評の対象にしている相手以上に〝派手〟だったり、〝個性〟の重要さを語る人がとんでもなく〝地味〟だったり、といったことはそう珍しいことではない気がします。

自分がどんな振る舞い方をしているか、どのような表情で人と接しているかは、自分では見えませんから、それも無理のないことかもしれません。

仏教にはこんな言葉があります。

## 「威儀即仏法《いぎそくぶっぽう》」

威儀は「威儀を正す」などのいい方がありますが、身なりや振る舞いのことを指します。それを正しくすることが、そのまま仏法に叶った生き方に繋がるということを、この言葉はいっています。

観察眼は他人ではなく、むしろ、自分にこそ向けるべきでしょう。

「威儀のチェック」。これも朝の課題になりそうです。自分がどんな身なり、振る舞い、あるいは表情でその日を始めようとしているのか。それを確認する習慣を持ってはいかがでしょう。

出かける直前に鏡を見るのもいいでしょう。身なりに乱れはないか、姿勢はどうか、表情は曇っていないか。いざ、家を出ようとする自分の姿を、さまざまな観点からチェックするのです。

玄関で行うのがいいと思いますが、玄関には鏡がないという人もいるはずですし、男性の中には〝わが家の鏡は洗面所と浴室のみ〟という人がいるかもしれません。

そうであれば、これほどスマートフォンが普及している時代ですので、**スマホで自撮りをする**というのはどうでしょう。玄関でカシャッと撮る。それで、身なりのトータルな確認ができますし、姿勢や表情のチェックもできます。

「胸元がちょっと寂しいかしら？　スカーフをした方がいいな」

「あっ、表情が険しくなってる。いけない、いけない。いい笑顔にしなきゃ」

という具合です。

写真のいいところは記録性があることです。それを活かさない手はありません。

たとえば、気持ちがグッと乗って、いつもにも増して仕事に積極的に取り組めたという日があるでしょう。

気分が沈みがちなときに、そのときの自撮り画像を見てみる。

すると、

「そうか、あの日はこんな洋服だったのね。よし、今日は同じのにしてみよう」

ということになったりする。

**人は着るものによって気分も変わります。**

女性初の東京都知事となった小池百合子氏は「緑色」をシンボルカラーにして選挙戦を勝ち抜きました。写真をファイルすることで、自分の「ラッキーカラー」や「勝負服」がはっきりしてくるかもしれません。

「今日は打ち合わせの最終局面だわ。ここはやっぱり濃紺のスーツね」

自分のラッキーカラーや勝負服を心得ていることは、なかなかの〝戦略〟になると思うのですが、いかがでしょう。

# 上司、部下の別なく自分から挨拶する

挨拶については前の項目でも触れましたが、ここでは出社してからの挨拶について考えてみましょう。ひと時代前には、社内では部下から上司に対して先に挨拶するのがビジネスパーソンの常識になっていました。挨拶を忘れた部下がいると、「なんだ、挨拶もできないのか。社会人のイロハのイが挨拶だぞ！」といった叱責が飛んだものです。時代は変わり、そうした上下関係は崩れていますが、先にもお話ししたように、現代では「挨拶できない若者」というやっかいな問題が浮きぼりになっています。

ただ、その原因ははっきりしています。挨拶のしつけがされていない、挨拶し慣れていないのです。もちろん、挨拶が社会人のイロハのイであることは、現在も変わりませんから、それでは困ります。「慣れていない」では理由にはならないのです。

もし職場も同じ状況なら、ここは若者の場慣れに一役買ってあげませんか。社内では常に自分から先に挨拶するようにするのです。上司、部下の別なく、です。

「おはようございます」

明るく大きな声で挨拶をすると、その場の空気が和み、また、活気あるものになります。声をかけられたら、どんな若い世代だって、挨拶を返してくることでしょう。

「習うより慣れろ」という言葉がありますが、いまの若い世代は言葉で諭しても、なかなか得心しません。どちらかというと頭でっかち、理屈が先に立っていますから、なかには、

「会社は仕事をするところでしょ？　仕事さえちゃんとしていれば、挨拶なんてどうだっていいじゃないですか……」

なんて屁理屈をこねはじめないとも限りません。それを封じるのは率先垂範です。上司や先輩から挨拶されたらさすがに理屈など通用しない。否が応でも挨拶を

返すことになります。それが突破口になるでしょう。すると、若い後輩も挨拶を交わすことの気持ちよさがだんだんわかってくる。身体で感じられるようになるのです。

**気持ちがよいと感じることは、すべてに勝る行動のエネルギー源です。**

やがて、朝に顔を合わせたなら、自然と挨拶の言葉が出るようになるでしょう。

禅では**「愛語」**を使いなさい、と教えています。

愛語について道元禅師はこうおっしゃっています。

**「愛語よく廻天の力あることを学すべきなり」**

これは、人を思いやり、慈しむ心から発せられる言葉は天地をひっくり返す、すなわち、世の中を動かすほどの力があることを学びなさい、という意味です。

「なるほど、愛語かぁ。でも、どんな言葉がそれにあたるのかがよくわからない」

そんな思いを持った人もいるでしょう。しかし難しく考えることはありません。

**私は、「おはようございます」は立派な愛語だと思っています。**それを発した自分も、受けとる相手も気持ちよくなる。愛語としての条件は十分です。
ぜひ、この愛語から社内の一日を始めてください。

おもてなしで
美しくなる

# ひと手間を加えてお茶を淹れる

さまざまな企業の現在の社内事情に通じているわけではありませんので、確かなことはいえないのですが、重要な来客にお茶を淹れる役割は秘書や総務担当者が担っているのではないでしょうか。しかも、その役割は〝つまらない仕事〟と思われているフシがある。

しかし「たかがお茶淹れ、されどお茶淹れ」なのです。

みなさんは、こんな言葉を聞いたことがありませんか。

「三献茶」

織田信長亡きあと、天下統一に肉迫したのが豊臣秀吉です。その秀吉が近江長浜の城主だった頃、鷹狩りの途中に渇いた喉を潤そうと、さる寺を訪れます。

お茶を所望した秀吉に、寺の少年が大きな茶碗に入ったお茶を運んできます。茶碗はぬるめのお茶でなみなみと満たされていました。

喉が渇ききっていた秀吉はお茶を一気に飲み干します。

そして、「もう一服所望じゃ」とおかわりを要求します。今度少年が運んできたのは少し小さめの茶碗に注いだやや熱めのお茶でした。秀吉の心にある思いが湧きます。三杯目を求めたのはそれを確かめる意味もあってのことだったでしょう。少年は小ぶりの茶碗に熱々のお茶を淹れて差し出しました。

「思ったとおりじゃ！」秀吉は心の中でハタと手を打ちます。

一杯目はぬるいお茶をたっぷり注いで、喉の渇きを癒していただこう、二杯目は少し熱めのお茶を楽しんでいただき、三杯目には熱々のお茶をじっくり味わっていただこう……。そんな少年の思いを理解したのです。

秀吉はその少年を召し抱えます。この少年こそは、のちに側近中の側近となる石田三成でした。これが、「三献茶」にまつわる逸話です。

お茶の淹れ方ひとつで人物を見きわめる秀吉の慧眼《けいがん》もさることながら、お茶を振る舞うという、一見なんでもない行為で秀吉にその才を認めさせてしまう三成もあっぱれというしかありません。

このエピソードを知って、「お茶淹れなんてつまらない」という思い込みに変化はありませんか。

二〇二〇年のオリンピックの誘致合戦で、「おもてなし」という言葉が世界中に知られることになりました。そのおもてなしの心があるかないかは、お茶の淹れ方にだってはっきりと現れるわけです。

義務的に無造作にお茶を淹れる。そこに、おもてなしの心などは感じられません。**しかし、飲む人のことを考えるという〝ひと手間〟が加わったら、淹れ方は変わってきますし、おもてなしの心だって添えることができるのです。**

社内には熱いお茶が好きな人もいるでしょう。少しぬるいくらいが好みという人もいるはずです。また、よく出した渋めのお茶が好きな人も、逆に渋くない薄めがいいという人もいると思います。

その人の好みを把握し、それに合わせて淹れる。それほど手がかかることではありません。ぬるめにするなら急須から先に注いで冷ませばいいわけですし、熱めだったら運ぶ直前に注げばいい。濃い薄いも同じように注ぐ順番で調整できます。

そうして淹れたお茶は、飲む人に「自分を思い、自分のために淹れてくれた」と感じさせます。おもてなしの心が伝わるのです。好みなど無視の、十把一絡げで淹れたお茶とは決定的に違います。来客に対しても、たとえば、暑い時期ならはじめに冷たい麦茶を出し、頃合いを見計らって熱いお茶に差しかえるというふうにすれば、おもてなしの心は十分に伝わるのではないでしょうか。

**自分がしたことを相手が喜んで受けとめてくれる。それがこちらの喜びにもなるのです。**

「お茶淹れなんてつまらないし、面倒くさい」社内の朝をこうした気持ちからはじめるか、丁寧にお茶を淹れる、そこからもたらされる喜びを嚙みしめるところからはじめるか、いずれにしても選ぶのはみなさんです。

メリハリをつけて美しくなる

# 休日も同じ時間に起きる

みなさんは、休日の朝をどのように過ごしているでしょうか。

「休みくらいはゆっくりしたいから、遅くまで寝ている」

そんな人が少なくないのではないかと想像します。

なかには、「ここぞ」とばかりに、休日の午前いっぱいを寝て過ごす人もいるかもしれません。

私の場合、疲れがあまりにも溜まったときには、多少余分に寝ることもありますが、お寺に休日はありませんので、土曜日、日曜日、祭日も普段とほとんど変わらない生活。いつもと同じ、朝の四時半には起きています。

まあ、一週間分の仕事の疲れを取るために、休日は遅くまで寝ているのが悪いとはいいません。ですが、生活のペースはできるだけ変えない方がいい、と私は思っています。

お昼近くまで寝ていると、そのだらけたペースが一日を支配してしまいます。午後もなんとなくテレビを観るともなしに観てしまい、気がついたらもう夜になっている、ということにもなりかねません。

朝寝で睡眠はたっぷりとっていますから、夜は夜でなかなか寝つけず、休日明けの朝がつらくなったりする。〝少し遅くまで〟の範囲は、「通常の起床時間プラス一時間程度」にとどめるのがいいのではないでしょうか。


禅の修行中も休みはあります。「放参《ほうさん》」、あるいは「四九日《しくにち》」といって、毎月の四と九がつく日がそれにあたります。

修行道場によって違いがありますが、その日は起床時間が一時間遅くなったり、掃除や草むしりなどの作務をしなくてよかったり、夜の坐禅がなかったり、などの「特典」があります。

通常の修行から解放されたその日に、雲水たちは浄髪《じょうはつ》といって髪を剃ったり、作務衣などの繕《つくろ》いものをしたり、洗濯をしたりするわけです。修行期間が長くなると、外に日用品の買い物に出ることもできます。

昔は四九日だけにしか入浴ができませんでした。かつての雲水はこの入浴が一番の楽しみだったようです。もっとも、入浴も心身を清める大切な修行ですから、守るべき作法があり、入浴中の私語などは禁じられています。

もちろん、雲水とみなさんの日常とは違いますが、休日には、生活にメリハリをつけて鋭気を養うという意味合いがあると思います。

午前中を無為にすごし、その流れで一日が終わってしまうのは、やはり、もったいない気がします。

スポーツで汗を流して、心身のリフレッシュメントをはかる。美術館や博物館などに出かけて知的な目の保養をする。映画や芝居、あるいはショッピングを楽しみ、心のエネルギー補給をする。

なんでもいいと思いますが、時間を活かす過ごし方を考えてみたらいかがでしょうか。

そのためには動き出しである朝が重要です。

**できれば、いつもと同じ、遅くても「プラス一時間」で起きる。**

それが休日を変え、ひいては心身ともに爽やかに月曜日の朝を迎えることに繋がります。

# 洗濯を休日午前中の日課にする

いつまでも朝寝をする休日になってしまう原因のひとつは、やることが決まっていないということにあるのではないでしょうか。

それだとどうしても、

「今日はとくに予定はないし、だったらこのまま寝ていよう」

となるわけです。

逆にいえば、やるべきことがあれば、朝早く起きることにもなる。ならば、休日午前中の予定をつくってみてはいかがでしょう。

この場合、洗濯は休日の朝にふさわしい予定になりそうです。

といっても、一週間分の洗濯物を溜め込み、それを一気に休日にするということではありません。溜めたら面倒になり、なかなか手がつけられない、という流れになるのは、すでにお話しした通りです。

この洗濯では、毎日（一日おきでもいいと思います）洗濯するものと休日にするものを分けてみましょう。

下着類や靴下、Tシャツなどの「小物」は毎日（一日おき）、シーツやベッドカバー、乾きにくい厚手の衣類といった「大物」は休日、という具合です。

いまは全自動型の洗濯機を使っている人がほとんどだと思いますから、洗濯といっても衣類を放り込んで水と洗剤を入れるだけでしょう。

朝、起きたら洗濯機を回すようにすれば、他のことをしている間に洗濯・脱水は完了します。それを干す際に前日干したものをたたむというわけです（一日おきの洗濯の場合、洗濯した日の翌朝の作業はたたむだけになります）。

もちろん、朝洗濯したものを夜たたんでもいいのですが、夜は仕事で遅くなったり、疲れていたりして、つい億劫になることも考えられます。

ウイークデーの朝は小物の洗濯と前日干したものの処理、休日の朝は大物の洗濯、夜はその処理と決めてしまうことで、それが生活スタイルとして定着します。

干すのも、乾きやすい小物ばかりなら部屋干しでも支障はないでしょう。そして、休日は大物を天日干しにする。

そうした洗濯のやり方を新しい習慣として取り入れてみたらいかがでしょう。

「えっ、ウイークデーの朝洗濯をするの？　いままで考えたこともなかった」

そんな人が少なくないかもしれません。

しかし、どんな生活スタイルや生活習慣も、最初の一歩を踏み出すことから始まるのです。

禅の修行道場では**「制中《せいちゅう》」**という一定の期間が定められています。

その長さは一〇〇日間ですが、修行に入って、それまでとはまったく違う生活をするわけですから、当初はつらいことばかりです。

朝起きるのもつらいし、坐禅をしても足が痛い、読経や作務も慣れない身にはこたえます。

しかし、泣き言は通用しません。有無をいわさずやらされます。

それでも、続けているうちにだんだんつらさがなくなって、一〇〇日が経過する頃にはなんとかすべてこなせるようになるのです。身についてくるということでしょう。

制中はお釈迦様の時代からあったものだとされていますが、一〇〇日という期間設定はなんとも絶妙というしかありません。一〇〇日続けることで、どんなことも身につき、やがては「習慣」になるのです。

もちろん、「一〇〇日も続けるのか?」と考えたら、みなさんは嫌になるでしょうし、めげもするでしょう。

ですから、**まずは一歩を踏み出すのです**。

一週間、先に挙げた洗濯の「方式」をとにかく実践してみてください。一週間やり通したら、「もう一週間頑張ってみるか」と自らを叱咤激励しましょう。そして、また、一週間続けるという具合です。

**「継続は力」です。**

そうしているうちに、いつか一〇〇日間が過ぎて、「やり方」がすっかり身につき、生活習慣そのものになっているはずです。

身体が自然に動いて、洗濯を始めるようになるはずです。

できるときからで構いません。

まずは「一歩」を踏み出してみてください。

予定表で
美しくなる

# 休日の「やりたいことリスト」をつくる

前項でも触れましたが、「予定」は行動のモチベーションです。
休日も予定で埋めておけば、「一日ダラダラ、ウダウダ過ごす」ということには
なりません。
もちろん、あまり過密に予定を詰めたのでは、息が詰まりますし、休日の本来の
目的である、鋭気を養うことからも逸脱してしまいます。
「ゆったり」がここでのキーワードです。
みなさんが一日自由に使える休日にやりたいことはなんでしょうか。思いつくま
まにそれを挙げてみてください。
候補としては次のようなことがありそうです。
・部屋の模様替え

・映画や芝居の鑑賞
・エクササイズやジムでのトレーニング
・読書
・ショッピング
・友人とのランチやディナー

ランダムに挙げたら、それらに優先順位をつけましょう。

順位づけもモチベーションを高める要素になります。

「いま、話題の映画だからとにかく早く観ておかなくちゃ。仕事相手とのコミュニケーションにも使えそうだし……」

「このところちょっと気分が滅入り気味。部屋の模様替えをして、早々に気分転換をはかろう……」

「友人から連絡をもらったのに、それっきりになっている。次の休日はランチを一緒にしよう……」

優先順位が決まったら、それをカレンダーや手帳に書き込みます。スマホのスケジュールに書き込むのもいいでしょう。

**要は、常にその予定が見えるようにしておくことです。「見える化」することで、実行しようという意欲がいっそう高まります。**

土曜日、日曜日が休日なら、一カ月に計八日あるわけですから、一カ月単位で順位の高い順に振り分けてしまうといいでしょう。

ときには読書やCDを聴くことなどをメインにした、のんびり過ごす休日があってももちろん構いません。

その場合は書き込みの際、ただ、「読書」ではなく、「○○を読む」「○○を聴く」と本やCDのタイトルを記しておくのがいいと思います。具体化することもモチベーションを維持する、あるいは高めることに繋がるからです。

「月曜病（マンデーブルー）」という言葉もあるように、月曜日の朝になるとどこか憂うつな気分になったり、体調が悪くなったりする人が多いと聞きます。

その原因の一端は、朝寝をして、為すこともなく終わってしまったという、その休日の過ごし方にあるのではないか、と私は睨んでいます。
やりたいこと、やるべきことがあれば、目覚めも早く、気分も高揚します。
ぜひ、休日の「時間割」づくりに取り組んでください。

# 第五章

# あなたらしさを取り戻す
# 朝の禅的発想

心の在り様を
変えてみる

# 朝のよい気分のまま一日を過ごすことはできますか？

「縁起」という言葉があります。縁起がいい、縁起が悪い、といった使い方が一般的ですが、これは仏教に由来する言葉です。

その意味は、ことの起こり、ものごとのはじまりを指します。

つまり、縁起がいいとは、はじめにいい縁を結ぶこと、縁起が悪いとは、悪い縁を結ぶことを指します。

**朝を気持ちよく、充実して過ごすことは、まさしくいい縁を結んで、縁起よくその日一日をスタートさせることといっていいでしょう。**

結んだいい縁は連鎖します。朝、気持ちよく過ごせたのであれば、その日はいい方向に回っていくことでしょう。仕事にも前向きに取り組め、人間関係もスムーズになるはず。

ただ、なかには次のように思う人もいるかもしれません。

「でも、仕事には苦手なものだってあるし、人間関係にしてもいやな人と会わなければならないということがあるじゃない。せっかくいい気分で朝をはじめても、そんな日はどうしても気が滅入ったり、うしろ向きになったりするように思えるのだけど……」

そこは禅的発想です。禅には次のようなエピソードが伝わっています。

ある修行僧が行脚の途中で、山中のあばら家に一夜の宿を借ります。天井は破れ、すきま風は吹き込む。床板をはがして燃やし、かろうじて暖を取る。そんな具合ですから、修行僧はわが身を嘆きます。

「よりによって、こんなところで一夜を明かさなければならないなんて！」

もう、寝るしかない、とごろりと横になった修行僧はハッとします。

破れた天井から美しい月明かりが差し込み、自分を照らしてくれていることに気づいたからです。

瞬時に修行僧の心は転じます。

「ああ、この身を月光が包んでくれている。なんとありがたいことだろう。この家に宿を借りられたことに感謝しなければ……」

いかがでしょうか。このように、あばら家の一夜という状況は「みじめ」ととれる一方で、「ありがたい」と受けとることだってできるのです。

**それを決めるのは「心の在り様」です。**

みじめな気持をありがたいに転じる、マイナスをプラスに転じる。まさしくそれが禅の心、禅的発想です。

さて、苦手な仕事やいやな人への対応はどうでしょう。

苦手だ、いやだと思えば、気持ちはどうしてもうしろ向きになります。しかし、仕事だろうが人との対応だろうが、いずれにしたって、しなければならないのです。そこから逃れることはできない。そうであるなら、心を転じることができませんか。

たとえば、こんなふうに……。

「この仕事を与えられたということは、〝できる〟能力があると上司が判断したからなんだ。とにかく、自分なりに全力で取り組もう」

「いやだといっていても始まらない。人間関係で大切なのは誠意。こちらは誠意をつくすことだけに努めよう」

このように考えるのであれば、気持ちは前向きにならないでしょうか。しぼんだ意欲も膨らんでくると思いませんか。

**気持ちがうしろ向きになりそうなときは、「試練」に遭遇していると考えたらいいのです。**


畑違いで恐縮ですが、聖書にこんな言葉があります。

「神は真実である。あなたがたを耐えられないような試練に遭わせることはないばかりか、試練と同時に、それに耐えられるように、逃れる道も備えてくださるのである」

ここでいう〝逃れる道〟とは、逃げ道ではなく、乗り越える道ということでしょう。

試練は人を成長させてくれる糧《かて》だ、と私は思っています。試練を乗り越えることで、一皮も二皮もむけるのです。

いつも、そうした心の構えでいれば、日中にどんなことが起きても、朝に結んだいい縁の連鎖が断ち切られることはありません。

## 嫌なことが起きても、乗り越えられないことなど存在しないと知る

思いきって手放す

# 朝のゴミ出しが、どうしても面倒なのですが……

みなさんはゴミをどう処理しているでしょうか。

現在では、どの都道府県でも「紙」「プラスチック」「ペットボトル」というようにゴミの分別が義務づけられています。

なかには、ゴミ箱に無造作に放り込み、それぞれのゴミを出す日になって、仕分けをしているという人がいるかもしれませんね。しかし、それではいかにも非効率的です。

私は毎朝、必ず室内のゴミ箱を空にします。お寺には外にゴミを収容する場所がありますので、あらかじめゴミ箱ごとに仕分けをしておいたものをそこへ持って行き、紙は紙、プラスチックはプラスチック、とそれぞれのゴミ袋に入れるのです。

そうしておけば、ゴミ出しの日にはゴミ袋を持って行き、所定の場所に捨てるだけですから、まるで手間がかかりません。

外にゴミの収容場所があるご家庭はあまりないと思いますが、室内でもゴミ箱をいくつか用意して、ゴミを捨てるときに種類ごとに仕分けるのはいかがでしょうか。

そうしていると、興味深いことがわかってきます。

「昨日も、今日も、コンビニの総菜パックのプラスチックゴミが多かったな。できあいのものばかりの夕食が続いている。栄養のバランスを考えて、たまには手づくりをしなければ」

という具合です。

ゴミは食生活を反映しますから、そのチェックができるのです。健康管理という面でも、毎朝のゴミの仕分けは意味があるといえます。

ゴミとは違いますが、現代人は「もの」を持ちすぎています。

一度手に入れたものは手放すのが惜しくなるというのが、どうしても人間の

「性《さが》」や「業《ごう》」ですから、ものが増える一方になるのでしょう。

室内がものであふれ、空間ばかりか、心まで窮屈になっている人は、けっして少なくはないことでしょう。ゴミ同様、ものにも仕分けが必要だと思います。

何年も着ていない衣類、まったく使っていないものは、なくても困らないはず。持ち続けていても、おそらく、着たり、使ったりすることはありません。スペースをとるだけの〝死蔵品〟です。

それらは思いきって手放してみましょう。

こんな禅語があります。

**「放下著《ほうげじゃく》」**

この言葉は、捨てて、捨てて、捨てきってしまいなさい、という意味です。ものでも、思いでも、捨てるほど、手放すほど、心は豊かに、また、清々しく、美しくなる、という禅の考え方です。

捨てられないというのは、それに執着しているからです。捨てることはそのまま、執着から離れることなのです。

もちろん、捨てるといってもゴミに出すということではありません。禅ではどんなものにも命があると考えます。その命をできる限り活かす。ものを捨てる際に考えてほしいのはその点です。

活かし方はいろいろあるでしょう。気の置けない友人にプレゼントして使ってもらうことで、そのものは活きてきます。現代は、物資が不足している国や地域にものを送っているNGO団体などもたくさんありますから、そこに提供するというのもひとつの方法です。

お古になった衣服でも、もの不足の国、地域では貴重な物資となります。喜んで、大切に使っていただけるのであれば、素敵な活かし方となるではありませんか。また、フリーマーケットに出品するという手もあります。

昨今では「ミニマリスト」という言葉があるように、いまは「持たない生活」に注目が集まっています。それは禅的生活にピッタリ重なります。

心豊かに、清々しく、そして美しく生きる。
その方向に舵を切りましょう。

## ゴミもものも、ひたすら仕分ける
## 不要ならどんどん手放してみる

# 身体のためになる朝の過ごし方ってありますか?

自然と触れ合うことが、心や身体にいい影響を与えることはすでにお話ししました。

しかし、都会で生活している人は、いったんオフィスに入ると、仕事が終わるまでビル群の中で時間を過ごすことになるのではありませんか。

ここは、リフレッシュのためにも、昼休みなどに自然に身を置いてみることを考えたらいかがでしょう。

近くに公園でもあったら、そこに行ってしばし時間を過ごすのです。いまは屋上に庭園などが設けられているビルもありますから、そうした環境にいるのであれば、そこでも自然を感じることができます。

真夏の炎天下や、酷寒の季節には難しいと思いますが、自然の外気を感じて汗をかいたり、少々、鳥肌が立つ感覚を得たりするのは、とても大事なことです。それらは暑さや寒さに順応しようとする身体の反応でもあります。命の作用といってもいいでしょう。

逆に、冷暖房完備で汗もかかず、鳥肌が立つこともない、という環境にいると、その命の働きが衰えてきてしまう、と私は思っています。

たとえ一〇分、二〇分でもいいですから外に出て、暑さ、寒さを体感することは、命の活性化にも繋がるのではないでしょうか。

その意味でいえば、**朝の時間は「素足」でいるのがいいと思います。**

私は真冬以外は足袋をはかず、素足で生活しています。素足でいると、「ようやく春めいてきたな」「ずいぶん秋が深まってきたものだ」ということが感じられます。

季節の移ろいを直に体感できるのです。

また、素足は健康にもいい。

禅の修行期間中は一年を通して素足で過ごしますが、それで鍛えられるせいか、修行僧たちはまず風邪をひきません。

ちょっと寒くなると、すぐ厚手の靴下をはく人の方が、案外、風邪をひきやすいような気がします。できれば、朝の散歩をするときは素足に下駄か草履にしたらいかがでしょうか。

じつはこれにも健康効果があるのです。足の親指と人さし指の間には脳や内臓に関連するツボがたくさん集まっているといわれています。

下駄や草履をはくと、鼻緒でそれらのツボが刺激されますから、歩きながらツボ療法を行っているような効果があるわけです。

女性であれば、ハイヒールをはくことも多いと思います。細身のハイヒールで足を締めつけていることが、外反母趾の原因であることは広く知られています。外反母趾は痛みをともなうだけでなく、姿勢が悪くなったり、歩き方がおかしくなることで膝を痛めたりするともいわれています。また、頭痛や肩こりにも繋がるという医学的な意見すらあるようです。

仕事上、どうしてもハイヒールをはかなければいけないという方でも、せめて〝素足の朝〟で足を解放してあげましょう。

そして、下駄をカラン、コロンと鳴らして散歩をする。

爽やかさが心身に流れ込んでくるでしょう。

## 朝はあえて素足で過ごし、下駄や草履で散歩してみる

午後の眠気に打ち克つ

# いつも頭をスッキリさせておく方法ってありますか?

午後は、ビジネスパーソンにとって〝危険な〟時間帯です。眠気に襲われて、つい、うつらうつらしてしまう。そんな経験があるという人も少なくないのではないでしょうか。眠くなったら生理的な欲求に逆らわずに五分、一〇分程度寝てしまう。私はそれが一番いいと思っています。

眠気を必死に抑えて仕事を続けても、はかどるわけがありません。人間の身体は不思議なもので、短時間でも寝るとスッキリするのです。その後は気持ちよく仕事ができますから五分、一〇分の睡眠によるタイムロスは簡単に取り戻せます。

営業職などで外に出る人は、カフェや電車の中で寝てしまえばいいのです。

問題はオフィスワークの人ですが、これも、

「私、一〇分だけ寝ます」

と宣言して寝てしまうのはいかがでしょうか。

仕事をしているフリをしながら寝るより、よほど真摯な姿勢に見えると思います。突拍子もない〝提案〟に思われるかもしれませんが、一緒に仕事をしているチームの人たちに相談して、同意を得られれば実現不可能なことではないでしょう。

「わがチームは一〇分（五分）の昼寝タイムを許可する」

チームリーダーの器量にもよりますが、そんなチーム内ルールがあってもいいではありませんか。

どうしてもそれは現実的ではないと考えるなら、次のような策もあります。

午後眠くなるのは、昼食を摂ることで、消化のために消化器官がたくさんの血液を必要とするからといわれています。その分、脳に行く血液量が減って眠気が起きるのです。これが「午後のうつらうつら」のメカニズムです。

当然、食事の量が多ければ多いほど、消化器官が必要とする血液量も増え、脳の血液量は不足します。

たとえば、昼食が次のようであったら、

「ああ、お腹空いた！　あのお店のハンバーグランチはボリューム満点。今日のお昼はあそこで決まりね」

空きっ腹にドカ食いというわけですが、ランチ後は消化器官がフル稼働しなければならなくなりそうです。

こんなときは、日本に古くからある格言を思い出してください。

「腹八分目」

一回の食事を腹八分目にとどめる。それなら、消化器官にかかる負担も軽減されますし、脳にも十分な血液が供給されて、うつらうつらは起こらないのではないでしょうか。

ただ、一方ではこんな格言もあります。

「腹が減っては戦はできぬ」

こちらは、空腹感を抱えていては、いい働きができない、といっています。両雄ならぬ、両説並び立たずというところですが、解決策はあります。

昼食を腹八分にとどめ、かつ、空腹感には苛《さいな》まれない妙案とは？

**もう気づいた方がいるかもしれませんが、朝食をちゃんと摂るというのがそれです。**

朝食さえきちんと摂っていれば、昼食時に「ああ、お腹空いた！」ということにはなりません。

このため、昼食も腹八分、もしくは腹七分で満足することができるのです。

その結果、脳への血液の供給も保たれて、午後の仕事に〝頭スッキリ〟の状態で取り組むことができるというわけです。

ここでも「カギは朝にあり」です。

## 朝食をしっかり摂って昼を腹八分目に抑える

# メールで上手に気持ちが伝わりません……

仕事でも人間関係でも、そのコミュニケーションが、ある時期を境に大きく変わりました。コミュニケーションに変化をもたらしたもの、それが「メール」の普及です。受けとった側は自分の都合がよいときに読めばいいわけですから、発信する側としては相手の状況に配慮する必要がありません。そんな便利なメールですが、私は使う上でもっと留意すべきことがあるのではないか、と思っています。

メールはあくまで事務連絡に限って、というのがそれです。

仕事の連絡やプライベートな集まりのお知らせなら、メールは便利に使えるツールだと思いますし、これに勝る便利な手段はないかもしれません。

しかし、謝罪やお願い事をする際に、メールを使うのはいかがなものでしょうか。

たとえばですが、傷つけてしまった、もしくは無礼なことをしてしまった相手に、メールで謝罪をしたら、相手はどう感じるでしょうか。

「あんなことをしておいて、メール一本で一件落着にするつもり？　あまりに誠意がないじゃない！」

そんなことになるのは必定です。

禅語にこんな言葉があります。

**「面授《めんじゅ》」**

もともとは、禅の教えは師と弟子が直接向き合って授けるべきものだ、という意味ですが、転じて、大切なことは、きちんと顔を合わせて伝えることが重要だ、ということをいっているのだと思います。

謝罪やお願い事は、その〝大切なこと〟の典型といっていいでしょう。

**実際、相手に向き合って、「申し訳ありません」と深く頭を下げるからこそ、また、「お願い致します」と丁重に申し入れるからこそ、気持ちが伝わるのです。相**

**手の心を動かすものは、まさにその誠意でしょう。**

そうした状況では、メールはまったく不向きです。もっといえば、〝役立たず〟以外のなにものでもありません。

また、怒りの感情についていえば、とりわけ夜にメールでそれを送るのは、「絶対的な間違い」である、といっていいでしょう。夜の闇は魔物です。闇が不安をもたらすからか、負の感情が一段と高ぶりやすいのです。

みなさんにも、気に障った人の言葉などを夜に思い出すと、怒りがどんどん増幅されていく、といった経験があるのではないでしょうか。ところが、朝になって思い返してみると、「なぁんだ、さほど大したことではないな」と思えてきたりする。

メールと同様に、湧き上がってくる怒りにまかせて言葉を連ねたとしても、手紙なら翌朝に、

「ここまでいう必要はないわ。なんで、こんなに頭にきていたのかしら？」

と考え直し、投函を思いとどまることだってできます。

しかし、メールは「送信ボタンを押すだけ」ですから、考え直す余地がありませ

ん。

〝魔物〟にそそのかされた怒りがその場で、しかもそのまま、相手に送られてしまうわけです。

それが翌朝の悩みにも繋がります。

「あんなメール送っちゃってどうしよう。あそこまで怒っているわけじゃないのに、あの文面を〝本心〟ととられたら困るなぁ」

といった具合です。

これでは大切な朝の時間が台なしになります。

メールの〝正しい使い方〟は、しっかり心得ておきましょう。

## 気持ちを伝える要件なら、メールは使わず会って話す

スマホをスマートに使う

# 携帯電話が気になって仕方ありません……

私は、ほとんど自分で車を運転して移動していますが、ときどきは公共の交通機関を利用します。

そのたびに啞然とさせられるのが車内の光景です。

一〇人中八人、九人までがスマホの画面に見入っています。これは現代人、とくに若い世代とスマホの〝関係〟を物語るものといっていいでしょう。

おそらく、彼らは四六時中スマホを手放さないのでしょう。

スマホを枕元に置いている、なかには寝ている間も握りしめている、といった人すらいるとも聞きます。

SNSでのやり取り、ゲーム、ネットの閲覧などなど、やっていることはいろいろだと思いますが、いずれにしても、「スマホ依存症候群」とでも呼ぶべき〝病〟

が蔓延しているように思えます。

生活がスマホに支配されている、といういい方をしてもいいかもしれません。


そんな社会の危うさにいち早く気づいたのが、欧米のセレブリティのようです。セレブが催すパーティでは、参加者全員が会場入口でスマホを預けることがルール化しているというのです。

パーティの目的はいうまでもなく、参加者が語らい、交流をはかること。ひっきりなしにスマホが鳴ったりするのでは、その目的から外れてしまうというのが、ルール化の理由でしょう。

スマホ依存症が加速する現代、ここは、欧米のセレブに倣ってこの**「スマホ一時預かり方式」**を、みなさんの日常生活にも取り入れてみたらいかがでしょう。

夜一〇時になったら、スマホをホルダーに〝預ける〟ようにするのです。預けたあとはブルブルしても一切取り上げない。

「でも、緊急な連絡が入るかもしれないじゃない」

確かにその可能性はあるでしょう。仕事で緊急事態が起きた、身内に不幸があった、などのときは、連絡を受けられなければ困ります。

しかし、そうしたことはそうたびたび起こることではありませんし、もし、起きたとなったら、電話が何度でもかかってくるはずです。たとえば、五分おきにスマホに着信がある、というような場合は、例外的に電話に出るようにする。

そうすれば、「こんなときに連絡つかず！」ということにはなりません。

考えてみてください。夜一〇時以降、スマホをなにに使っていますか。前述したSNSに使う頻度が圧倒的に多いのではありませんか。それも、「いま、なにしてる？」「今度の飲み会、参加できる？」「この前一緒に見たブランドバッグ、買っちゃった！」といった緊急でない用件がほとんどではないでしょうか。

どれもがすぐに対応しなくても済む連絡ばかり。返信は翌朝になってからだってなんの問題もないはずです。

「でも、ラインにすぐ対応しないと〝仲間外れ〟にされてしまいそうで……」

現代は、ラインで誰かと繋がっていないと不安になるとも聞きますから、そう考える人がいても仕方のないことでしょう。

誰かと繋がっていたいというのは、この時代の若い世代の特徴かもしれません。

しかし、SNSを介して、誰かと繋がっていれば安心、というのは考え違いです。

**本当の安心は自分と向き合うところからしか生まれません。**

自分をしっかり見つめ、真剣に一所懸命に生きるから、「安心できる生き方」が選べるのです。

**スマホを使わない夜一〇時以降の時間は、静かに自分と向き合う、丁寧に自分を見つめる、うってつけの時間になる**と思いませんか。

スマホを野放しにしているから、その対応のために夜遅くまで起きていることになるわけですし、スマホが気になってゆっくり休めないことにもなるのです。

それでは、いい朝なんか迎えられっこありません。

「一時預かり方式」。ぜひ、実践しましょう。

## 夜の一〇時以降は携帯を手放し、自分と向き合う時間にする

切り替え上手になる

# 仕事とプライベートをうまく分ける方法はありますか?

「勤勉」は日本人の伝統的な美徳です。時代が大きく変わったとはいえ、その伝統はいまでも受け継がれているようです。たとえば、家に仕事を持ち帰るビジネスパーソンも少なくないことでしょう。

その仕事熱心さを否定するつもりは毛頭ありませんが、**仕事には「切り替え」ということも大切だ**と思うのです。

人の集中力には限界がありますから、オフィスで集中し、さらに家でも集中して、仕事を続けるのは難しいのではないでしょうか。

また、ひらめきや斬新な発想も、多くの場合、仕事から離れているときに湧くものでしょう。

その意味では、**原則として、仕事は家に持ち込まない方がいい**と私は考えています。

オフィスは仕事の場、家は寛ぎや癒し、家族団らん、あるいは自分の好きなことをする場、と区別して気持ちを切り替えるのです。

みなさんは、お寺や神社に山門や鳥居があるのを知っているでしょう。山門や鳥居は「結界（関所）」を意味しています。山門や鳥居によって「世俗的な空間」と「聖なる空間」を分けている。もちろんお寺や神社の外側が前者、内側が後者というわけです。

お参りをする人は、山門や鳥居をくぐることによって、世俗的な思い、つまり、煩悩や妄想を払い落とし、拭い去って、清らかな気持ちになり、聖なる空間に入って、お祈りをするというわけです。心を俗から聖に切り替えるために、結界があるといってもいいでしょう。

**仕事モードから脱仕事モードに気持ちを切り替える際にも、この「結界」が役に**

**立ちそうです。**

たとえば、最寄り駅の改札を結界にする。朝、家を出て改札を一歩入ったら、仕事のことを考え、オフィスに着くまでの間に徐々に仕事モードを整えていくのです。

その逆に、仕事を終えて最寄り駅の改札を一歩出たら、今度は仕事のことをすっぱりと忘れ、脱仕事モードに入っていく。

結界にするのは自宅の玄関でも、オフィスのドアでも構いません。心の中だけで気持ちを切り替えようとしても、なかなかうまくいかないという人でも、自分の中にひとつ結界を設定することで、気持ちの切り替えはずいぶんしやすくなるものです。

現代では、オフィスに出るのは週に一回、あとは在宅で仕事を許可している企業もあります。その場合は、仕事部屋のドアを結界にして、そこに入ったら仕事モード、そこから出たら脱仕事モードという具合に、気持ちの切り替えをはかったらいかがでしょう。

また、ときにはどうしても仕事を家に持ち込まなければならない、ということがあるかもしれません。そのときに有効なのは「時間」を切り替えのきっかけにするという方法です。

「家での仕事は一時間限定。それ以上は絶対にやらない」と決めてしまう。寝る間際まで仕事をしていたら、仕事のことで頭がいっぱいになり、よく眠れないでしょうし、朝の目覚めも悪くなります。

切り替え、けじめは不可欠です。

## 自分だけの「結界」をつくり、仕事とプライベートを区別する

朝、余裕を持って過ごす

# 朝にバタバタしない、いい方法はありますか？

私が子どもの頃は、寝る前に必ず行う〝儀式〟がありました。翌日学校に着ていくもの、授業で使う教科書やノート、宿題などをすっかり準備するというのが儀式の内容です。衣類を枕元に置いていた子どもたちも少なくなかったようです。

はじめは母親の「明日の準備をしておきなさい」という指示でしていたわけですが、いつしかそれが習慣になって、いわれなくてもするようになっていたように記憶しています。翌朝の準備は家庭のしつけのひとつでした。

準備を整えておけば、起きてすぐに着替えられますし、忘れものをすることもありません。

まさに「備えあれば憂いなし」です。

さて、みなさんは夜に翌朝の準備をしていますか。朝になってから、着ていくものを選び、仕事に必要なもの、財布や定期、携帯電話などをチェックしている、という人が大半ではないでしょうか。

それで困ったことはなかったか、思い起こしてみてください。

「そういえば、着ていこうとした洋服のボタンが取れかかっていて、そこから、洋服を選び直したなんてことがあったな」

「家を出てしまってから、スマホを忘れたのに気づいて取りに戻ったことがあった。もう少しで会社に遅刻しそうになって焦った、焦った」

そんな〝苦い思い出〟は誰にでもあるのではないでしょうか。

洋服選びについていえば、たとえばその日の夜にデートの予定があったとして、着ていこうとしたお気に入りに難があったら、ファッションを一から考え直さなければならなくなるかもしれません。

洋服が替わったら、それに合わせたバッグやスカーフ、アクセサリーなども選び直さなければならなくなる、ということにもなりそうです。

いずれにしても、かなりの時間がそのためにとられてしまう。これは準備をしておけば、かからなくて済むムダな時間です。

焦って会社に駆け込んだ場合は、余裕を持って仕事に取り組めないかもしれません。それがミスにつながったり、やるべきことができなかったり、という結果にもなる。一日の滑り出しである朝の焦りは、その後も尾を引くのです。

「小学生じゃあるまいし、いまさら、夜に翌朝の準備だなんて……」

そう思う人もいるでしょう。

**しかし、「よい習慣」は、どんな内容であろうと取り入れたらいいのです。**

最初は面倒くさいかもしれません。それでもやる。それがよい習慣を身につける唯一の道です。

前述の宮崎奕保禅師は、こんなこともおっしゃっています。

「人間はまねをせないかん。学ぶということは、まねをするというところから出ておる。一日まねをしたら、一日のまねや、それですんでしまったら。二日まねして、それでまねせなんだら、それは二日のまね。ところが一生まねしておったら、まねがほんまもんや」

禅師のお墨つきがあるのです。

どうぞ、一所懸命に小学生の「まね」をしてください。

## 夜眠る前に、翌朝の準備をやっておく

小さなことに
心を込める

# どうすれば、ひとつひとつのことを丁寧に行えるようになれますか？

前の章で、夜に朝食のお粥の準備をしておくといいという話をしました。そこからもう一歩進んで、なにか朝食用のメニューの〝仕込み〟にもトライしてはいかがでしょう。

洋食派なら、サラダをつくっておくとか、卵を茹でておくとか。和食派だったら、手軽なのはおひたしや一夜漬け、味噌汁の具などの仕込みなどでしょうか。

とくに朝食を抜く傾向にある現代人に、これはお勧めです。

朝、すぐに食べられるものがある。しかも、それが前夜自分でつくったものであったら、きれいにいただこうという気持ちにならないはずがありません。前夜の仕込みは、朝食抜きという悪習慣を断ち切る、もっとも有効な手立てなのです。

せっかく仕込みをするのですから、調理をする際の心構えも身につけましょう。

禅では、食事をとても重要なものと考えています。

道元禅師はその著書である『典座教訓《てんぞきょうくん》』の中で、さまざまな心構えを述べておられます。

「お米をといだり、おかずを調えたりすることは、典座が自身で手を下し、よくよく注意し細かな点まで気を配り、心を込めて行い、一瞬といえども、おろそかにしたり、なげやりにして、ひとつのことはよく注意し気をつけるが、他のひとつのことには注意を怠ったりするということがあってはならない」

前述のとおり、典座というのは食全般をまかされている禅僧のこと。禅では食事の準備をするのも修行ですから、道元禅師は細かくなすべきことを挙げていますが、**私がみなさんにまず身につけていただきたい、と思うのは「心を込めて行う」という点です。**

サラダをつくるのでも、おひたしをつくるのでも、精いっぱいの心を込める。適当にチャチャッとやってしまう、というのは御法度です。**心を込めて朝食の仕込み**

**をすることは、あらゆることにつながっていくからです。**

心を込めて食事をいただくことはもちろんですが、それは、心を込めて挨拶することにも、心を込めて仕事をすることにも、心を込めて人と接することにも、じつは繋がっていきます。

人の振る舞いには、よくも、悪くも「一貫性」があるものです。

朝食の仕込みは適当にやって、仕事は心を込めてやる、ということはできないのです。

**小さなことに心を込められる人は、どんなことにも心を込められる人です。逆にいえば、小さなことに手を抜く人は、すべてのことに手を抜く人なのです。**

ここはとても大事なところですから、しっかり胸に刻んでおいてください。

仕込みをしたサラダやおひたしは、器に入れてラップをかけておいてもいいのですが、ラップは使い回しができませんから、ゴミになってしまいます。その点ではタッパーウエアなどの密封容器の方が、エコロジーという面からもよいでしょう。

また、朝食の仕込みとは別に、休日には〝大物〟を仕込んだらいかがでしょう。

冬場ならおでんやけんちん汁、豚汁などの汁物を多めにつくっておくのです。おでんは夕食のメインメニューになりますし、煮込むほどに美味しくなります。汁物は朝の味噌汁代わりにうってつけです。

そのほか、常備菜としてピクルスを仕込んだり、佃煮などをつくり置きしたりしておくのもいいのではないでしょうか。これにはちょっと素敵な利用法がありそうですね。たとえば、恋人を自宅に招いて食事を振る舞う際、手づくりのピクルスや佃煮を出したらどうでしょう。

「へぇ〜、手づくりかぁ。美味しいなぁ！」となるのではありませんか。印象が上がること間違いなし、です。

## 翌朝の食事の準備を、心を込めて行う

快適な眠りにつく

# 朝から穏やかな心でいるにはどうすればいいのでしょうか？

いい朝を迎えるために必須の条件は**「快適な睡眠をとること」**です。快適睡眠をもたらすのは落ち着いた心、穏やかな心で布団に入ることでしょう。

たとえばですが、眠る前の三〇分をそうした時間に使ってみるのはいかがでしょうか。

落ち着いた心、穏やかな心になるためにしていただきたいのが「坐禅」です。修行中には「夜坐《やざ》」といって寝る前に坐禅をしています。

「夜坐」というのは、消灯後に修行僧がそれぞれの場所で坐禅をすることですが、その心地よさはなにものにも代え難いものです（現在、曹洞宗の本山僧堂では行われていませんが、臨済宗ではいまでも「禅の庭」と向き合って行っているようです）。

白砂がやわらかな月明かりを照り返す幽玄の美しさ。その前で静かに座っていると、自然に溶け込んでいくような気持ちになります。心はどこまでも穏やかになっていくのです。そんな心の状態で眠りにつくことができる。

**禅の修行がまさにそうなのですが、大切なのは、眠る前にいつも同じことをすることです。いわゆる「ルーティン」にする。**するとそれを行うことにより、常に落ち着いて穏やかな心になれるというわけです。

ルーティンでいつも頭に浮かぶのは、米大リーグでも活躍し野球殿堂入りしたイチロー選手のことです。バッターボックスに入るまでのイチロー選手の動きは、いつだって寸分たりとも違わぬもの。まさにルーティンになっているのです。

年間安打数で大リーグ記録を塗り替え、日米両球界での合計とはいえ、通算安打数でもピート・ローズ選手の四二五六本を抜くという数々の偉業達成を支えたのは、間違いなくあのルーティンだ、と私は思っています。

打者にとって一番大事なのは、コンディションがいいときも、そうでないときも、変わらぬ平常心でバッターボックスに立つことでしょう。

ルーティンをこなすことでイチロー選手はそれができているのです。

みなさんも眠る前三〇分のルーティンを決め、それを欠かさず実行してみてください。

坐禅の心得があるならば、迷わず座ってみるのです。そうでなければ、なにをしてもいいと思います。ただし、ひとつだけ条件があります。**自分が本当に「心地よい」と感じることをする**というのがそれです。

いくつか例を挙げるとすれば、

・好きな画家の作品集を眺める
・ゆったり座って夜空を見る
・簡単なストレッチをする
・気に入ったアロマを焚き、その香りに包まれて過ごす
・アルコールを適量嗜む

といったことが候補として挙がりそうです。

少々、手前味噌になりますが、写真集『禅の庭』（毎日新聞社刊）のページを繰るというのもなかなかのお勧めです。

そして、ルーティンの締めくくりにしていただきたいのが「合掌」です。仏壇があればその前で、なければ自分が拠り所としているものの前で、手を合わせてご先祖様にその日一日の報告をするのです。

「お蔭様で、今日一日無事に過ごさせていただきました。手がけていた仕事がまとまって、嬉しい達成感を味わうこともできました。ありがとうございます。明日も一日頑張ります。どうかお見守りください」

そんな言葉でルーティンを終えて眠りにつく。安らかな眠りを経て迎える朝は、きっと爽快感に満ち満ちています。

## 眠る前の三〇分で、心地よいと思うことをルーティンとして行う

夜、心地よく過ごす

# あれこれと考えて、すぐ不安になってしまうのですが……

みなさんにひとつ質問です。

「一番不安に駆られるのは、いつですか?」

かなり高い確率で答えが予想できます。

夜、一人になったとき。そうではありませんか。


昼間は仕事や諸々のことに忙しく、不安が心に入り込む余地がない。ところが、それらから解放される夜になると、途端に心の中で不安が頭をもたげてくる。

前にお話しした〝魔物〟の影響も大きいのだと思います。

仕事のこと、人間関係のこと、恋愛のこと……。不安のタネはつきません。

しかも、いったん不安になると、それが雪だるま式に膨れ上がってくる。

「せっかくプロジェクトメンバーに抜擢されたのに、どうしてあんなミスをしちゃったんだろう。もう、メンバーから外されるかもしれない。いや、それじゃ済まないな、きっと。〝できない人〟って烙印を押されて、二度と重要な仕事は回ってこないかも。もしかしたら、リストラ？」

現実はちょっとミスをしただけであっても、不安が不安を呼んで、リストラの対象にされるところまで考えてしまうのです。

そして、思い悩んだり、苦しんだりすることにもなっていく。その結果、悶々としてまんじりともできない夜に突入するわけです。

しかし、不安とは結局なんのことでしょうか。

それを教えてくれるのが、次の公案です。

**「達磨《だるま》安心《あんじん》」**

禅宗の開祖・達磨大師と二祖・慧可《えか》大師の間のやり取りに由来するものですが、その中身は次のようなものです。

修行を続けていた慧可ですが、心から不安がなくなることがありません。どこまで修行をすれば不安から抜け出せるのか、思い悩んだ慧可は、師である達磨大師にその思いを打ち明けます。

「いつまでたっても不安で仕方がありません。なんとかこの不安を取り除いていただけないでしょうか」

達磨大師は答えました。

「そんなことか。じゃあ、お前の不安とやらをここに持っておいで。そうしたら、すぐにも不安を取り除いて、安心させてやろう」

師の言葉に従って、必死に不安を探す慧可でしたが、いくら探しても見つかりません。

慧可は正直にそのことを告げます。

それを聞いて達磨大師はこういいます。

「ほら、お前の不安はなくなった。もう、安心できただろう」

この公案が表しているのは、不安が見つからないのは実体がないものだからであり、それは心が勝手につくり出しているだけである、ということと、そのことに気づいたら、そもそも不安に苛まれる必要などないのだ、ということです。

先の例でいえば、実際に起きたこと、つまり、実体があるのは「ミスをした」ということだけ。それ以降の〝不安〟は「こんなことになるかもしれない」「そうなったらどうしよう」という自分の勝手な思いがつくり出しているに過ぎません。根拠はどこにもないのです。

しかも、メンバーから外される、仕事が回ってこない、リストラになる、というどの事態も、まだ起きていない未来のことです。未来がどうなるかなんて誰にもわかりませんし、自分ではどうすることもできないのです。

**どうにもできないことならば「放っておく」。それが禅の考え方です。**

もし、夜に不安が心に広がりそうになったら、「放っておけばいいんだわ。考えるのや～めた！」と突っぱねてしまいましょう。

夜はものを考えるにはまったくそぐわない時間です。
来たるべきいい朝のためにも、心地よく過ごしてください。

## 夜には、一切ものを考えないようにする

# その日に感じた後悔の気持ちを消すことはできますか？

人は毎日、新しい経験を積み重ねて生きています。経験のなかで、なにか「心に残ること」や「感謝すべきこと」があった場合は、前項とは矛盾しますが、そのことを思い返してみる。ときには、そんな夜の過ごし方があっていいのかもしれません。

「来社したお得意先が『こちらの受付の方の対応はいつも気持ちがいいですね。以前からそう思っていました。お邪魔するのが楽しみですよ』といってくれた。見ていてくれる人がいるとわかって、幸せな気分だったな」

普段から自分が心がけている仕事への真摯な態度が認められて、幸福を感じられたのなら、そのことを思い返すのです。

それは、仕事へのさらなる意欲にもつながるでしょうし、もっと相手を気持ちよくさせる対応をしよう、という向上心もかき立ててくれるに違いありません。つまり、**心に残ることを思い返すことが、自分を成長させる糧になるのです。**

「いつもぶっきらぼうな彼だけれど、今日はその奥にある優しさが垣間見えた気がした。ちょっと感動的な瞬間だったな」

そんなふうに、パートナーに抱いた感動を思い返すことで、今後の彼とのおつき合いがいっそう深まることにも繋がると思いますし、また、彼と一緒にいる時間がそれまで以上に心弾むものになるという気がします。

そして、**なにより幸福感や感動の思いをもう一度甦らせることは、みなさんの心をやさしく温めてくれることでしょう。**

もっとも、心に残ることはよいことばかりとは限りません。悔やまれることや反省点のときもあるはずです。

たとえば、

「彼女がなにか話したい素振りで声をかけてきたのに、忙しくて聞いてあげられなかった。相談事があったのかな。無視したみたいになって悪いことをしてしまったなぁ」

「電話で友人に心ないことをいってしまった。傷つけるつもりなんか、全然なかったのに、もっと話し方に注意をしなくては……」

といったこともあるはずです。

それらも思い返してみればいいのです。

「えっ、そんなことをしたら、それが心に引っかかって、眠るどころではなくなってしまうのではない？」

確かに、夜は〝考えない〟のが原則です。

しかし、ここにも例外があります。例外にあたるのは、すぐ解決策に思い至るようなこと、そして、自分が確実にできる範囲のこと、です。それについては時間を限定して、その解決策を探してみるのです。

ここで挙げたケースなどは、「五分」も探せば、解説策が見つかるはずです。

「そうだ、明日一番で彼女に、『昨日、なにか話したいことあったんじゃない？』

と声をかけよう」

「友人に電話をして、まず、謝ろう。それから、真意をちゃんと説明してわかってもらえばいいんだ」

こんなふうに解決策、つまりはやるべきことをはっきりさせれば、心の引っかかりは一気になくなります。そのことにけじめがつくからです。

けじめがついたのなら、前項でお話ししたルーティンの実践です。

それで、元気な朝が迎えられます。

## 夜、起きたことを思い返し解決策を見つけ、行動する

# おわりに

**「その日がどんな一日になるかは、朝で決まる」**

私はこれまで、そのことを一貫していい続けてきました。

今回、そのことについて出版のお話をいただき、ようやくその思いを一冊の本にまとめることができたことは、感謝の気持ちでいっぱいです。

このことこそ、いつも心がけている「充実した朝」が、私にもたらしてくれた幸運なのだと感じています。

みなさんは、本書を読まれて、朝に対する考え方が変わりましたでしょうか。

朝の過ごし方を見直してみようという気持ちが湧いてきたでしょうか。

本文にも書きましたが、**「即実践」が、禅の本道です。**もちろん、生活スタイルはそれぞれ違っていますから、本書で紹介した朝の過ごし方の中にも、すぐに取り込めそうなもの、ちょっと難しそうなものがあると思います。

なにかひとつでもいいですから、自分の生活に取り入れやすいと感じたものを、まずは実践してみてください。

とにかく、一歩を踏み出すことが大事なのです。踏み出すことで弾みがつきます。

やってみれば、必ず、

「これもやってみようかな。うん、これならできそうだ」

ということになるはずです。

それはそのまま、みなさんの朝を充実させていく確かな歩みになります。

急ぐことはありません。一歩ずつ進みましょう。


そして、実践によって起こる心と身体の変化を体感してください。

「ふ〜ん、この爽やかな感じ、いままで味わったことがなかったなぁ」

「こんなに軽やかな足どりで駅に向かうこともできるんだ」

「穏やかな心で朝を過ごすと、一日中穏やかでいられるのね」

みなさんに、どんな変化が起きるのか、私はひそかに楽しみにしています。

体感は弾みを加速させるでしょう。

どんどん朝が充実していく――。

それは、みなさん自身が着実に幸運な日々、幸福な人生をつくり上げていくことに他なりません。

精神科医で名エッセイストでもあった斎藤茂太さんに、こんな言葉があります。

**「朝の出だしをポジティブに始めれば、一日をポジティブな気分で過ごせる」**

まさに至言。なにごとも〝出だし〟が肝要です。

本書が、みなさんの朝を少しずつでも素敵な時間に変えていく一助になったのであれば、筆者としてそれに勝る喜びはありません。

合掌

平成二八年　一二月吉日

建功寺方丈にて　枡野俊明

著者紹介
**枡野俊明**（ますの　しゅんみょう）
曹洞宗徳雄山建功寺住職、庭園デザイナー、多摩美術大学名誉教授。大学卒業後、大本山總持寺で修行。禅の庭の創作活動によって、国内外から高い評価を得る。芸術選奨文部大臣新人賞を庭園デザイナーとして初受賞。ドイツ連邦共和国功労勲章功労十字小綬章を受章。2006年、『ニューズウィーク』日本版にて「世界が尊敬する日本人100人」に選出される。庭園デザイナーとしての主な作品に、カナダ大使館、セルリアンタワー東急ホテル庭園など。主な著書に『禅が教えてくれる美しい人をつくる「所作」の基本』（幻冬舎）、『心配事の9割は起こらない』『仕事も人間関係もうまくいく　放っておく力』（以上、三笠書房）、『おだやかに、シンプルに生きる』『禅が教える　人生の答え』（以上、PHP文庫）などがある。

編集協力：コアワークス

本書は、2016年12月に秀和システムから刊行された作品に加筆・修正し、文庫化したものです。

PHP文庫 幸運は、必ず朝に訪れる。
自分を整える禅の教え

2025年4月15日 第1版第1刷

著者 枡野俊明
発行者 永田貴之
発行所 株式会社PHP研究所
東京本部 〒135-8137 江東区豊洲5-6-52
ビジネス・教養出版部 ☎03-3520-9617(編集)
普及部 ☎03-3520-9630(販売)
京都本部 〒601-8411 京都市南区西九条北ノ内町11
PHP INTERFACE https://www.php.co.jp/
組版 有限会社エヴリ・シンク
印刷所 株式会社光邦
製本所 東京美術紙工協業組合

 ISBN978-4-569-90480-1

PHP文庫

# 50歳からは、好きに生きられる

枡野俊明　著

経験もある50代は少しだけ家族や仕事から解放され、人生の中で最も楽しく輝くとき。自分次第でやり残したこと、夢を叶えられます。

PHP文庫

# ひとり時間が、いちばん心地いい

枡野俊明 著

あなたを豊かにする孤独な時間。あえて「一人きりの時間をもってください」と伝える禅僧が、本書で孤独との付き合い方を解説。

PHP文庫

「幸福の種」はどこにある？

# 禅が教える 人生の答え

枡野俊明 著

心配や不安、孤独までもが「幸福の種」になる——。考え方、生き方を見つめ直してみよう。あなただけの「答え」を見つけるためにも。